도메인 주도
설계란
무엇인가?

Domain-Driven Design Quickly
by Abel Avram & Floyd Marinescu

© 2006 C4Media Inc.
All rights reserved.
C4Media, Publisher of InfoQ.com Enterprise Software Development Community

Some of the diagrams used in this book were reproduced with permission, under Creative Commons License, courtesy of: Eric Evans, DOMAIN-DRIVEN DESIGN, Addison-Wesley, © Eric Evans, 2004.

표지 그림은 바실리 칸딘스키(Wassily Kandinsky)의 composition 8(1923)이라는 작품이다. 구겐하임 미술관(The Solomon R.Guggenheim Museum)에서 소장하고 있다.

Korean Translation Copyright © 2011 by Insight Press
All rights reserved.
The Korean language edition published by arrangement with InfoQ & QCon through Agency-One, Seoul.

이 책의 한국어판 저작권은 에이전시 원을 통해 저작권자와의 독점 계약으로 인사이트에 있습니다. 신저작권법에 의해 한국 내에서 보호를 받는 저작물이므로 무단전재와 무단복제를 금합니다.

도메인 주도 설계란 무엇인가? 쉽고 간략하게 이해하는 DDD

초판 1쇄 발행 2011년 8월 5일 **2쇄 발행** 2021년 8월 2일 **지은이** 에이벨 아브람, 플로이드 마리네스쿠 **옮긴이** 최수경 **펴낸이** 한기성 **펴낸곳** (주)도서출판인사이트 **편집** 조혜정 **본문 디자인** 디자인플랫 **제작·관리** 신승준, 박미경 **용지** 월드페이퍼 **출력·인쇄** 현문인쇄 **후가공** 이지앤비 **제본** 자현제책 **등록번호** 제2002-000049호 **등록일자** 2002년 2월 19일 **주소** 서울특별시 마포구 연남로5길 19-5 **전화** 02-322-5143 **팩스** 02-3143-5579 **블로그** http://blog.insightbook.co.kr **이메일** insight@insightbook.co.kr **ISBN** 978-89-6626-012-6 책값은 뒤표지에 있습니다. 잘못 만들어진 책은 바꾸어 드립니다. 이 책의 정오표는 http://blog.insightbook.co.kr에서 확인하실 수 있습니다.

에이벨 아브람 & 플로이드 마리네스쿠 지음 | 최수경 옮김

Domain Driven Design Quickly

도메인 주도 설계란 무엇인가?

쉽고 간략하게 이해하는 DDD

인사이트

차례

- 옮긴이의 글 ········· 6
- 서문 : 쉽고 간략하게 이해하는 DDD를 왜 쓰게 되었는가? ········· 9
- 들어가기 전에 ········· 12

1장 도메인 주도 설계란 무엇인가? ········· 15
- 도메인 지식 쌓기 ········· 23

2장 유비쿼터스 언어 ········· 31
- 공통 언어의 필요성 ········· 31
- 유비쿼터스 언어 만들기 ········· 35

3장 모델 주도 설계 ········· 45
- 모델 주도 설계를 위한 블록 ········· 53
- 계층형 아키텍처 ········· 54
- 엔티티 ········· 57
- 값 객체 ········· 61
- 서비스 ········· 66
- 모듈 ········· 71
- 집합 ········· 73
- 팩토리 ········· 80
- 리파지토리 ········· 87

4장 깊은 통찰을 향한 리팩터링 ········· 95
- 지속적인 리팩터링 ········· 95
- 핵심 개념 드러내기 ········· 98

5장 모델 무결성 보존 ········· 107
- 분할된 컨텍스트 ········· 110
- 지속적인 통합 ········· 115
- 컨텍스트 맵 ········· 117
- 공유 커널 ········· 119
- 고객-공급자 ········· 121
- 순응 ········· 125
- 변질 방지 레이어 ········· 128
- 분할 방식 ········· 133
- 오픈 호스트 서비스 ········· 135
- 증류 ········· 136

6장 오늘날 DDD는 중요하다 ········· 143
- 에릭 에반스를 인터뷰하다 ········· 143

옮긴이의 글

분석/설계 리더로서, 여러 프로젝트를 지원하면서 모델을 만들고 이를 관리하는 작업이 프로젝트에 얼마만큼의 가치를 줄 수 있는가에 대해 늘 고민해 왔습니다. 의욕적으로 많은 노력을 들여 모델을 만들어도 잘 사용되지 않거나 유지보수가 어려워 구석에서 먼지만 쌓여 가는 것을 바라본 적도, 양으로는 어디에 내놓아도 빠지지 않는 모델을 만들었으나 내용 면에서는 그다지 깊이가 없는 것 같아 허무한 적도 있었습니다. 그래서 새로운 개념들이 출현할 때마다 '이번에는' 하는 기대를 걸고 지켜봅니다. 도메인 주도 설계도 그런 고민의 연장선상에서 살펴보게 되었습니다. 도메인 주도 설계는 기술에 휘둘리지 않고 도메인을 최우선으로 하면서, 도메인의 복잡한 개념들을 효과적으로 모델에 드러내기 위한 방법입니다. 또한 유비쿼터스 언어를 사용하여 요구사항을 제시하는 측과 이를 구현해야 하는 측이 효과적으로 의사소통할 수 있습니다.

그런데 도메인 주도 설계에 관한 서적들이 두꺼운 원서 위주라 많은 분들이 용어부터 생소해 하고, 그 결과 적용하려는 시도조차 이루어지지 않는 것 같습니다. 『도메인 주도 설계란 무엇인가?』는 일단 내용이 간략하여 개념 소개에 도움이 될 것 같아, 미천한 번역 실력이지만 작업하게 되었습니다.

저는 많은 분들이 도메인 주도 설계의 기본 사상을 이해하고 모델의 가치에 대해 마음 깊은 곳에서부터 공감해 주셨으면 하는 바람을 가지고 있습니다. 또한 도메인 주도 설계를 사용하여 프로젝트의 모든 참여자들, 특히 분석/설계 담당자와 개발자 간, 또 프로젝트 수행 팀의 멤버들과 프로젝트 발주자 간의 의사소통이 효과적으로 쉼 없이 이루어질 수 있었으면 좋겠습니다.

지금도 세계 어느 곳에선가는 도메인 주도 설계를 연구하고 적용하고 있습니다. 얼마 전 해외에서는 Domain Specific Languages(DSLs)에 관한 마틴 파울러의 저서가 출간되기도 했습니다. 이러한 흐름을 주시하고 똑똑한 소프트웨어를 만들어 내는 똑똑한 사람이 되려는 노력을 계속 경주하고자 합니다. 책을 읽으시는 여러분들도 저와 함께 해주셨으면 합니다.

책을 번역하면서 많은 도움을 받았습니다.

저를 밀고 끌어 이 일을 시작하게 만든 『고품질 쾌속개발을 위한 TDD의 실천법과 도구』의 저자 채수원 님, 번역의 어눌함을 가차 없이 지적해 준 최정일 님께 감사드립니다. 짧은 만남이었지만 모여서 DDD를 토론하던 HappyDDDing 토론 그룹 멤버들께도 감사드립니다. 그리고 세세히 읽고 오류를 지적해 주신 이대엽 님과 조영호 님께 마음 깊은 곳에서 감사 인사를 보냅니다. 부족한 번역을 이렇게 저렇게 다듬어가며 책으로 낼 수 있게 지원해 주신 인사이트에도 감사의 마음을 전합니다.

마지막으로 늘 바쁜 척하는 저를 이해해 준 가족들, 정말 고맙습니다!

2011년 7월 최 수경

서문

쉽고 간략하게 이해하는 DDD를 왜 쓰게 되었는가

내가 처음 도메인 주도 설계에 대해 듣고 에릭 에반스(Eric Evans)를 만난 것은 2005년 여름 브루스 에켈(Bruce Eckel)이 조직한 유명 아키텍트 소모임에서였다. 그 소모임에는 내가 존경하는 마틴 파울러(Martin Fowler), 로드 존슨(Rod Johnson), 카메론 퍼디(Cameron Purdy), 랜디 스태포드(Randy Stafford), 그레고리 호프(Gregor Hohpe) 등이 참석했었다.

그 모임의 멤버들은 도메인 주도 설계의 비전에 깊은 감명을 받았고, 더 많이 알리는 열의를 보였다. 또한 나는 모임에 참가한 모든 사람들이 이 개념이 주류로 부상하기를 바란다는 것을 알 수 있었다. 에릭이 모임에서 도메인 모델을 써서 다양한 기술적 도전 과제를 어떻게 해결하는지 토론하고, 화려한 기술 기반의 방식 대신에 비즈니스 도메인을 얼마나 강조하는지를 보면서 나는 이 방식이 우리 커뮤니티에 진정으로 필요하다는 것을 확실히 알게 되었다.

기업 규모 개발 커뮤니티, 특히 웹 개발 커뮤니티는 그 동안 소프트웨어를 개발하면서 진정한 객체지향에서 멀어지게 하는 여러 방식에 물들어 왔다. 1999~2004년 동안에 자바 커뮤니티에서는 EJB와 컨테이너/컴포넌트 모델 방식 때문에 제대로 된 도메인 모델링이 실종되었다. 하지만 운 좋게도, 기술이 변화하고 소프트웨어 개발 커뮤니티에 경험이 쌓여 가 우리를 전통적인 객체지향 패러다임으로 되돌려 놓고는 있었다. 하지만 우리 커뮤니티에는 객체지향 사상을 기업 규모 애플리케이션 개발에 어떻게 적용할지에 대해 분명한 비전이 없었다. 바로 이런 이유로 나는 DDD가 매우 중요하다고 생각한다.

유감스럽게도 몇 안 되는 경험 많은 아키텍트를 제외하고는 DDD에 대해 아는 사람이 거의 없다는 것을 알게 되었고, 이와 같은 이유로 InfoQ사의 도움을 받아 이 책을 발간하게 되었다.

DDD의 기초를 짤막하고 읽기 쉽게 요약한 글과 소개 글을 발표함으로써, 또한 이 글을 InfoQ를 통해 무료로 다운로드받게 하고 저렴한 포켓 사이즈의 책자로도 출판함으로써, DDD라는 비전이 주류가 되었으면 하는 것이 나의 바람이다.

이 책은 DDD에 대한 어떤 새로운 개념을 소개하기보다는, 에릭 에반스가 DDD를 주제로 쓴 책, 지미 닐슨(Jimmy Nilsson)의 『Applying DDD』 및 다양한 DDD 토론 포럼들에서 다루고 있는 내용들을 토대로 하여 DDD의 본질에 대해 간략하게 요약한다. 이 책은 여러분에게 DDD 기초에 대한 기본 과정을 제공할 테지만, 에릭의 저서에 포함된 수많은 예제와 사례 연구, 『Applying DDD』에 있는 지미의 실제 경험을 대신하지는 못할 것이다. 위의 두 가지 훌륭한 책을 읽을 것을 강력히 추천한다. 또한, 그룹에 DDD를 전파하고 싶다면, 사람들에게 이 책과 에릭의 책을 소개하기를 권한다.

플로이드 마리네스쿠
InfoQ.com의 공동창립자이며 수석 편집장

들어가기 전에

소프트웨어는 현실 생활의 복잡함을 다루기 위해 생성된 도구다. 소프트웨어는 목적을 위한 수단이며, 그 목적은 매우 실용적이고 실제적인 것이다. 예를 들어, 우리는 항공 교통을 제어하고자 소프트웨어를 사용하는데, 이는 생활과 직접 관련되어 있다. 우리가 먼 거리를 이동할 때, 비행기라는 매우 복잡한 기계를 사용하게 되고, 이 때 한 시점에 공중에 함께 떠있는 수많은 비행기의 비행을 조율할 필요성이 있기 때문에 소프트웨어를 만드는 것이다.

소프트웨어는 실용적이고 유용해야 한다. 그렇지 않다면 우리가 소프트웨어를 만드는 데 그 많은 시간과 자원을 투자하지는 않을 것이다. 그렇기 때문에 소프트웨어는 우리 삶의 특정 측면과 깊은 관계를 맺게 된다. 유용한 소프트웨어 패키지는 현실, 즉 우리가 다뤄야 하는 도메인과 따로 분리될 수 없다. 오히려 소프트웨어와 도메인은 깊게 얽혀 있다.

소프트웨어 설계는 예술이다. 그리고 다른 예술과 마찬가지로 마치 정밀한 과학인 양, 명제와 수식으로 무장하여 가르치거나 배울 수 있는 것이 아니다. 소프트웨어 개발에 적용할 수 있는 유용한 원칙이나 기법을 발견할 수는 있지만, 우리가 살고 있는 현실 세계의 요구에서 시작해 그 요구를 충족시킬 수 있는 코드 모듈로 변환하는 정확한 경로는 제공할 수는 없다. 그림이나 건축물과 마찬가지로 소프트웨어 제품에도 설계하거나 개발한 사람들의 개인적 성향, 즉 해당 소프트웨어를 만들어 내고 발전시켜온 사람들의 특별한 기질이나 천부적 재능(혹은 이러한 것들의 결핍) 같은 것들이 포함되게 마련이다.

소프트웨어 설계에 대한 접근 방법은 여러 가지가 있다. 지난 20년 동안 소프트웨어 산업은 제품을 만드는 몇 가지 방법을 발견하고 사용해 왔고, 각 방법에는 장단점이 있다. 이 책의 목적은 지난 20년이 넘는 기간 동안 모습을 드러내면서 점차 발전해 왔지만, 최근 몇 년 들어 확고해지고 명확해진 한 설계 방법론인 도메인 주도 설계(Domain Driven Design)에 관심을 집중시키는 것이다. 에릭 에반스는 도메인 주도 설계에 대한 축적된 지식을 가지고 책을 출간해 이 주제에 지대한 공헌을 했다. 그러니 DDD를 더 자세히 알려면 에릭이 Addison-Wesley사에서 출간한 『Domain-Driven Design: Tackling Complexity in the Heart of Software』이라는 책을 읽어 보았으면 한다.

또한 도메인 주도 설계에 대한 다양하고 가치 있는 통찰을 아래 토의 그룹에서 배울 수 있다.

http://groups.yahoo.com/group/domaindrivendesign

이 책은 도메인 주도 설계라는 주제의 기초를 요약하여 빨리 전달하고자 하는 소개서이지, 상세하게 이해시키고자 집필된 책은 아니다. 도메인 주도 설계의 세상에서 사용되는 원리와 지침으로, 좋은 소프트웨어를 설계하려면 어떻게 해야 하는지 흥미를 끌게 하고 싶을 뿐이다.

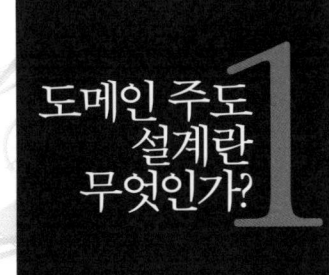

도메인 주도 설계란 무엇인가?

소프트웨어는 현실 세계의 프로세스를 자동화하거나 비즈니스 문제를 해결하기 위해 개발된다. 자동화된 비즈니스 프로세스나 현실 세계의 문제가 소프트웨어의 도메인이다. 우선 소프트웨어란 이 도메인으로부터 시작되고 떼려야 뗄 수 없는 관계를 가지고 있음을 반드시 이해해야 한다.

소프트웨어는 코드로 구성된다. 그러나 우리는 코드 작업 자체에 너무 많은 시간을 보내는 경향이 있고, 소프트웨어를 단순한 오브젝트와 메서드의 관점에서 보기도 한다.

자동차 생산에 비유해서 생각해 보자. 자동화된 생산 공정에 종사하는 노동자는 자동차의 특정 부품에는 전문가이겠지만, 생산 공정 전체는 잘 이해하고 있지 못할 것이다. 노동자는 자동차가 수많은 부품들이 조립되면서 완성된다는 견해를 가지고 있겠지만, 자동차라는 것은 단순한 조립품 이상의 것이다. 좋은 자동차는 비전으로부터 출발하고, 그 비전은 주의 깊게 명세서로 기술되고, 이것은 다시 설계로 이어진다. 원래의 비전을 달성할 때까지 여러 달 또는 여러 해 동안 수많은 설계가 완벽해질 때까지 수정되고 보완된다. 설계 과정이 모두 종이 위에서 이루어지는 것은 아니다. 자동차의 모델을 만들고 특정 상황에 제대로 동작하는지 확인하는 테스트도 설계 과정의 상당 부분을 차지한다. 테스트 결과에 따라 설계가 수정되고, 마침내 자동차는 생산에 들어가고 부품이 생산되어 조립되는 것이다.

소프트웨어 개발도 이와 유사하다. 단순히 앉자마자 코드를 작성할 수는 없다. 물론 사소한 경우라면 그렇게 할 수도 있고, 소프트웨어가 동작하기도 한다. 그러나 이러한 방식으로는 복잡한 소프트웨어를 만들 수 없다.

좋은 소프트웨어를 만들기 위해서는, 그 소프트웨어가 무엇에 관련된 것인지를 알아야 한다. 은행 업무의 모든 것을 알고 그 도메인을 이해하는 사람이 아니면 좋은 은행 소프트웨어를 만들 수 없다.

도메인에 대한 깊은 지식 없이 복잡한 은행 소프트웨어를 만드는 것이 가능할까? 당연히 불가능하다. 누가 은행 업무를 아는가? 소프트웨어 아키텍트? 아니다. 그는 단지 자기 돈을 안전에게 보관하다가 필요할 때 인출하려고 은행을 이용할 뿐이다. 그렇다면 소프트웨어 분석가일까? 역시 아니다. 그는 모든 자료가 주어졌을 때 해당 주제에 대해서 분석할 줄 알 뿐이다. 개발자? 잊어버리자. 그럼 누구일까? 은행가? 바로 그렇다. 은행의 업무 체계는 거기에 속해 있는, 해당 분야의 전문가들이 가장 잘 이해하고 있다. 그들은 세밀한 내용, 애로사항, 가능한 이슈 및 모든 규칙을 알고 있다. 우리가 출발해야 하는 곳은 언제나 도메인이다.

소프트웨어 프로젝트를 시작할 때, 우리는 그 소프트웨어가 동작해야 하는 도메인에 집중해야 한다. 소프트웨어의 전반적인 목적은 특정 도메인의 일이 더 잘 굴러가도록 하는 데 있다. 이는 그 소프트웨어가 대상 도메인과 조화를 이루어야 가능해진다. 그렇지 않으면 도메인에 변형을 일으키고 오동작과 피해를 입히며 심지어는 혼란을 초래한다.

그렇다면 도메인과 조화를 이루는 소프트웨어는 어떻게 하면 만들 수 있을까? 최선의 방법은 소프트웨어에 도메인을 반영하여 만드는 것이다. 소프트웨어는 도메인의 핵심 개념과 각 구성 요소를 담고 있어야 하고 그들 간의 관계를 정확하게 실체화해야 한다. 소프트웨어는 도메인을 모델링해야 한다.

은행 업무를 모르는 사람도 단지 도메인 모델로 작성된 코드를 읽어 보는 것만으로 은행 업무에 대해 많은 것을 배울 수 있어야 한다. 이것이 핵심이다. 도메인에 깊이 뿌리내리지 못한 소프트웨어는 향후의 변화에 제대로 대응할 수 없다.

따라서 우리는 도메인에서 시작한다. 그러면 도메인은 무엇인가? 하나의 도메인은 세상의 어떤 것이다. 그것은 단지 키보드를 사용하여 코드를 컴퓨터에 쏟아 붓는다고 얻을 수 있는 것이 아니다. 우리는 도메인을 추상화해야 한다. 우리는 도메인 전문가와 이야기를 나누면서 도메인에 대해 많은 것을 배울 수 있다. 그러나 이러한 가공하지 않은 지식들을 우리 마음속의 청사진, 즉 추상화된 형태로 바꾸지 않고서는 소프트웨어 구축에 사용하기가 어렵다. 초기 단계에 이 청사진은 늘 불완전하다. 그러나 일을 계속 진행하다 보면 점점 발전하고 더욱 명확해진다. 추상화란 무엇인가? 그것은 도메인을 표현한 모델이다. 에릭 에반스에 따르면 도메인 모델은 특정한 다이어그램이 아니라, 그 다이어그램이 전달하고자 한 아이디어다. 전문가의 머리에 들어 있는 지식 역시 아니다. 도메인 모델은 그 지식에서 선택적으로 추상화하여 엄격하게 조직화한 것이다. 다이어그램은 주의 깊게 작성된 코드나 쉽게 쓰인 문장처럼 모델을 가시적으로 표현하고 전달하는 역할을 한다.

모델이란 대상 도메인에 대한 내부적 표현으로서 설계와 개발 프로세스 내내 반드시 필요하다. 설계 단계 동안 우리는 모델을 기억하고 참조할 고리를 만든다. 우리를 둘러싸고 있는 세계는 머릿속에 서만 다루기에는 너무 복잡하다. 심지어 특정한 하나의 도메인조차도 인간이 머릿속으로 한 번에 다룰 수 있는 수준을 넘어선다. 우리는 정보를 조직화, 체계화하고, 이것을 작은 부분으로 나누고, 그 조각들을 다시 논리적 모듈로 그룹화한 다음 한 번에 하나씩 선택해서 다루어야 한다. 심지어 도메인의 특정 부분은 제외해 버리기도 한다. 하나의 도메인에는 모델로 만들기에는 정보가 너무 많고, 그중 많은 부분은 고려할 필요조차 없는 것들이다. 어느 부분을 분석하고 어느 부분을 제외할지 결정하는 것은 상당히 도전적인 작업임에 틀림없다. 그러나 이러한 작업은 설계의 한 부분이고 그 자체가 소프트웨어 개발 프로세스다. 은행 소프트웨어는 고객의 주소를 반드시 관리해야 한다. 그러나 고객의 눈 색깔을 신경 쓸 필요는 없다. 이 예는 명확하지만, 그렇지 않은 경우도 얼마든지 있다.

모델은 소프트웨어 설계에서 필수적인 부분이다. 복잡성을 다루려면 모델이 필요하다. 도메인에 대한 우리의 모든 사고 활동은 모델로 통합된다. 머릿속에서 형성된 모델은 물론 그 자체로도 훌륭하겠지만, 우리의 머릿속에서 바깥으로 끄집어내야 한다. 모델이 머릿속에만 존재한다면 무용지물이다. 우리는 모델을 사용해서 도메인 전문가, 설계자와 개발자 들과 의사소통해야 한다. 모델이라고 하는 것이 소프트웨어의 핵심임은 분명하지만, 그것을 표현하고 다른 사람들과 의사소통할 방법을 만들어 낼 필요가 있다. 우리는 홀로 일하는 것이 아니므로 지식과 정보를 공유해야 하는데, 그러자면 어떠한 모호함도 없이 정확하고 완전하게 지식과 정보를 공유해야 한다. 지식과 정보를 공유하는 방식은 여러 가지가 있다. 그중 하나는 다이어그램, 유스케이스, 그림, 사진 같은 시각적인 도구를 사용하는 것이다. 다른 방법은 글로 적는 것이다. 우리는 도메인의 비전을 기술한다. 또 다른 하나는 언어다. 우리는 도메인의 특정 이슈를 서로 알리고 나눌 언어를 만들 수 있으며, 또한 만들어 내야만 한다. 이 모든 것은 추후 자세하게 설명할 것이다. 여기서 가장 중요한 것은 '우리가 모델로 의사소통할 필요가 있다'는 점이다.

우리는 앞서 말한 지식과 정보가 모두 표현된 모델을 가지고 있을 때 코드 설계를 시작할 수 있다. 코드 설계는 소프트웨어 설계와는 다르다. 소프트웨어 설계는 집의 구조를 만드는 것처럼 큰 그림을 다루는 작업이다. 반면에 코드 설계는 어떤 벽에 그림을 걸지 정하는 것처럼 세부 사항에 관한 작업이다. 코드 설계도 매우 중요한 작업이지만 소프트웨어 설계만큼 기반을 다지는 작업은 아니다. 코드 설계의 실수는 쉽게 바로잡을 수 있다. 반면에 소프트웨어 설계 오류는 수정할 때 몇 배의 비용이 든다. 마치 그림 한 점을 좀 더 왼쪽으로 옮기는 일과, 집의 한쪽을 부수고 다르게 만드는 일이 완전히 다른 것과 마찬가지다. 그럼에도 불구하고 최종 제품은 좋은 코드 설계 없이는 불가능하다. 좋은 코드 설계를 위해 여러모로 편리하게 쓰이는 디자인 패턴들이 있으며 필요할 때 이 패턴들을 적용해야 한다. 좋은 코딩 기법은 깔끔하고 유지보수하기에 좋은 코드를 만들어내는 데 기여한다.

소프트웨어를 설계하는 방법에는 다양한 접근법이 있다. 그중 하나가 폭포수 설계 방법이다. 이 방법은 몇 개의 단계로 이루어진다. 업무 전문가가 일련의 요구사항을 작성하여 업무 분석가에게 전달한다. 업무 분석가는 그 요구사항을 기반으로 모델을 만들고 이 결과를 개발자에게 전달한다. 개발자들은 그들이 넘겨받은 모델을 기반으로 코딩하기 시작한다. 여기서 지식은 한 방향으로만 흐른다. 폭포수 방식은 소프트웨어 설계의 전통적 접근법으로 존재해 왔으며, 여러 해 동안 어느 정도 수준으로는 성공을 거두고 있지만, 결함과 한계를 지니고 있다. 가장 큰 문제점은 분석가로부터 업무 전문가, 또는 개발자로부터 분석가에게 전달되는 피드백이 전무하다는 것이다.

또 다른 접근법으로 익스트림 프로그래밍(eXtreme Programming, XP)으로 대표되는 애자일 방법론을 들 수 있다. 이 방법론들은 폭포수 접근방식에 반하는 집단적 움직임이다. 특히, 초기 요구사항과 이 요구사항의 변경을 수용하고자 하는 견지에서 볼 때 말이다. 폭포수 방식은 모든 요구사항을 프로젝트 초기에 확정하려고 시도하여 많은 어려움을 겪어 왔다. 프로젝트 초기에 도메인의 중요한 요소를 모두 다루는 완벽한 모델을 만들기는 매우 힘들다. 그러려면 많은 사고가 필요하다. 많은 경우에 시작 시점에 발생 가능한 모든 이슈를 도출하는 것이 가능하지 않을 뿐더러, 설계에 내재된 오류나 부작용들을 사전에 예측할 수도 없다. 애자일 진영이 해결하려고 하는 또 다른 문제는 바로 '분석 마비(analysis paralysis)'라고 불리는 현상이다. 분석 마비는 팀원들이 설계 결정을 내리는 일을 너무나도 두려워한 나머지 전혀 진도가 나가지 못하는 현상이다. 애자일 진영에서도 설계 결정의 중요성을 인식해야 한다고 인정하지만, 선행 설계에 대해서는 반대한다. 대신 구현을 매우 용이하게 변경할 수 있는 유연성을 확보해 놓고, 비즈니스 이해관계자의 지속적인 참여와 수많은 리팩터링 작업을 통해 개발을 반복적으로 수행한다. 그러면서 개발팀은 고객의 도메인에 대해 점점 더 많이 이해하고 고객의 요구를 만족시키는 소프트웨어를 더 잘 만들 수 있게 된다.

  애자일 방법론에도 자신만의 문제점과 한계가 있다. 예를 들어, 애자일 방법론들은 단순성을 추구하지만 모든 사람들이 단순성의 의미에 대해 견해가 제각각이라는 것이다. 또한 견고한 설계 원칙 없이 개발자들이 지속적으로 리팩터링을 수행한다면, 이해하기 어렵고 변경하기도 어려운 코드를 양산하게 된다. 폭포수 접근법은 과도한 공학(over-engineering)을 낳을 수 있고, 과도한 공학적 접근 방식에 대한 우려는 깊고 철두철미한 고민을 거쳐 설계해야 한다는 또 다른 강박관념을 초래할 수 있다.

이 책은 도메인 주도 설계의 원칙들을 제시한다. 이것을 적용하면 개발 프로세스가 도메인의 복잡한 문제를 모델링하고 구현할 수 있는 능력이 유지 가능한 방식으로 획기적으로 높아진다. 도메인 주도 설계는 설계와 개발 방식을 연관 지어(개발을 통합하고), 설계와 개발이 더 나은 해결책을 도출하는 데 어떻게 함께 작동할 수 있는지 보여준다. 좋은 설계는 개발을 가속화하고, 동시에 개발 프로세스에서 받는 피드백이 설계를 더욱 강화한다.

도메인 지식 쌓기

비행 항로 제어 시스템 구축 프로젝트를 예로 들어 어떻게 도메인 지식이 구축될 수 있는지 생각해 보자.

특정 시점에 수천 대의 비행기들이 지구 전체에 걸쳐 공중에 떠 있다. 비행기들은 자기 경로를 따라 목적지를 향해 날고 있는데, 공중에서 충돌하지 않게 하는 것이 매우 중요하다. 우리는 항공 교통 관제 시스템 전체를 상세하게 설명하지는 않을 테지만, 비행 모니터링 시스템 같은 핵심적이고 작은 부분은 상세히 설명할 것이다. 제안된 프로젝트는, 특정 지역 위의 모든 비행을 추적하고, 예정 경로를 따르고 있는지, 충돌 가능성이 있는지 여부를 판단하는 감시 시스템이다.

소프트웨어 개발 관점에서 봤을 때 어디에서부터 시작해야 할까? 이전 장에서 우리는 시스템의 시작은 도메인을 이해하는 데서부터 출발해야 한다고 말했다. 이번 시스템의 경우에 도메인이란 항공 교통 모니터링이다. 항공 교통 관제사들은 이 도메인의 전문가다. 하지만 관제사들은 시스템 설계자도 아니고 소프트웨어 전문가도 아니다. 그들이 자신들의 문제 도메인을 완벽하게 당신에게 설명하리라 기대할 수는 없다.

항공교통 관제사들은 자신들의 도메인에 대해 방대한 지식을 가지고 있지만, 개발하는 데 필요한 모델을 구축하려면, 필수 정보들을 골라내 일반화할 필요가 있다. 관제사들과 이야기하기 시작하면 항공기들의 이륙과 착륙, 공중에 있는 항공기들과 충돌의 위험, 착륙 허가가 떨어지기 이전에 대기하고 있는 비행기들 등 무수한 이야기를 듣게 될 것이다. 겉으로 보기에 무질서해 보이는 이 수많은 정보 안에서 규칙을 찾아내려면, 우리는 어딘가에서부터 시작해야 한다.

관제사들과 당신은 각 항공기가 출발 비행장과 도착 비행장을 갖는다는 데 동의한다. 25쪽에 보이는 그림처럼, 우리는 항공기와 출발지, 목적지를 정의한다.

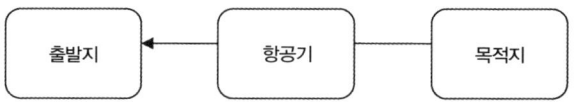

여기까지는 좋다. 비행기는 어떤 장소에서 이륙해서 다른 곳에 착륙한다. 그러나 공중에서는 무슨 일이 일어날까? 어떤 비행경로로 가는 걸까?

사실 우리는 비행기가 공중에 있는 동안 어떤 일들이 발생할지에 더 관심이 많다. 관제사들은, 각 비행기들은 모든 운행이 기술되어 있는 '비행 계획'에 할당되어 있다고 이야기한다. 비행 계획에 대해 듣는 동안, 당신은 마음속으로 비행 계획이란 건 공중에 있는 동안 비행기가 따라가야 하는 길에 관한 것이려니 하고 생각할 수도 있다. 조금 더 논의한 후에, 당신은 항로라는 흥미로운 단어를 듣는다. 그 단어는 곧바로 당신의 주의를 끌게 되고, 그것은 모델 설계의 좋은 단초가 된다. 항로는 비행 이동이라는 한 가지 중요한 개념을 포함하고 있다. 비행기들이 날고 있는 동안 해야 하는 일은 바로 하나의 항로를 따르는 것이다. 덧붙여 비행기의 출발점과 도착점은 곧 항로의 시작점과 종점임이 확실하다.

그래서 항공기와 출발점, 도착점을 관련시켜 생각하기보다는, 출발과 도착에 상응하는 항로, 그리고 그 항로와 항공기를 차례대로 연관 지어 생각하는 편이 좀 더 자연스럽다.

Chapter 1 ··· 도메인 주도 설계란 무엇인가? 25

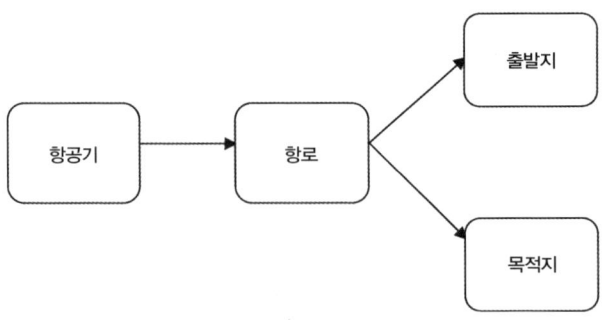

비행기가 따라야 하는 항로에 대해 관제사들과 이야기하는 도중에 당신은 실제로 항로란, 출발에서 도착에 이르는 어떤 휘어진 선들이 모인 작은 단위들로 구성되어 있다는 것을 발견한다. 그 선은 미리 예정된 고정 지점들을 통과하도록 되어있다. 그래서 하나의 항로는 일련의 연속된 고정 지점들로 간주될 수 있다. 이쯤 되면, 더 이상 출발지와 목적지를 항로의 종점이라고 보긴 어렵다. 단지 또 다른 두 개의 고정 지점일 뿐이다. 아마 이러한 개념은 관제사들이 항로를 보는 시각과는 상당히 다를 것이다. 하지만 이것은 꼭 필요한 추상화 작업이고, 이 추상화는 나중에 도움이 될 것이다. 이런 발견에 기초를 두고 발생한 변경 사항들은 아래와 같다.

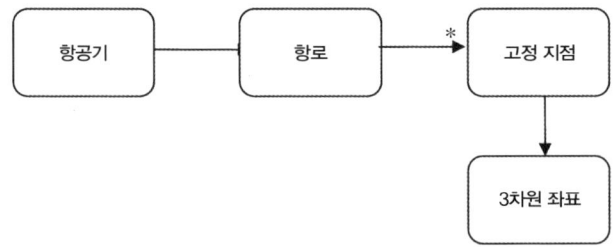

다이어그램은 또 다른 요소들, 즉 각 고정 지점들은 항로를 따라야 하는 공간 안에 있는 하나의 점이고 그 점은 3차원으로 표현된다는 사실을 보여준다. 그러나 관제사와 이야기할 때, 당신은 관제사가 항로를 그런 식으로 보지 않음을 알게 될 것이다. 실제로 그는 비행기가 날아가는 경로가 지표면에 투영된 형태로 항로를 생각한다. 고정 지점들은 단지 위도와 경도라는 형태로 고유하게 결정된 지구 표면 위의 점들일 뿐이다. 그래서 수정한 다이어그램은 이렇다.

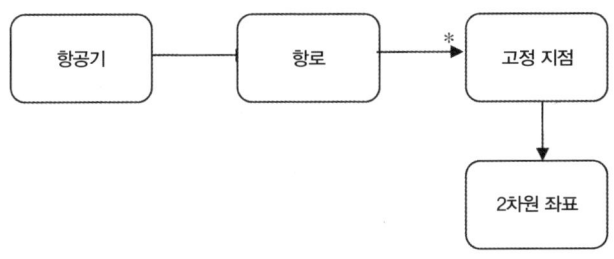

실제로 여기에서 무슨 일이 일어나고 있는가? 당신과 도메인 전문가들은 이야기를 하고 있고, 서로 지식을 교환하는 중이다. 당신은 질문을 하기 시작하고, 그들은 대답한다. 그동안 항공 교통 도메인의 필수 개념이 도출된다. 이 개념들은 세련되거나 조직화되지 못한 형태로 나타날 수도 있지만, 그럼에도 불구하고 도메인을 이해하는 데 필수적이다. 당신은 전문가들로부터 도메인에 대해 가능한 한 많은 것들을 배울 필요가 있다. 그리고 올바른 질문을 하고, 올바른 방식으로 그 정보들을 가공하면서, 당신과 전문가들은 도메인에 대한 뷰(View)인 도메인 모델의 밑그림을 그리기 시작할 것이다. 이 뷰는 완전하지도 않고 정답도 아니지만, 당신에게 필요한 출발점이다. 도메인의 필수 개념을 알아내도록 노력해라.

앞서 말한 과정은 설계의 중요한 부분이다. 흔히 소프트웨어 아키텍트나 개발자들, 도메인 전문가들은 서로 긴 논의를 한다. 소프트웨어 전문가들은 도메인 전문가들로부터 지식을 끌어내고 싶어 하고, 이 지식들을 유용한 형태로 변화시켜야 한다. 어떤 때는, 어떻게 동작해 나갈지 보기 위해서 선행 프로토타입을 만들어야 할 수도 있다. 그러는 사이 모델이나 접근 방식에 논쟁거리가 발견되어 모델을 변경하고 싶어질지도 모른다. 도메인 전문가로부터 소프트웨어 아키텍트나 혹은 더 나아가 개발자에게 이어지는 의사소통은 한 방향으로만 이루어지는 것이 아니다. 또한 이 의사소통에는 더 나은 모델을 만드는 데 보탬이 되는 피드백과 도메인에 대한 더 명확하고, 정확한 이해도 담겨 있다. 도메인 전문가는 자신의 전문 영역에 대해서는 잘 알지만, 그들 나름의 방식으로 지식을 사용하고 체계화해 나간다. 그러나 소프트웨어 시스템을 구현하는 데 이 방식이 항상 최선인 것은 아니다. 소프트웨어 설계자의 분석적인 자세는 도메인 전문가들과 토의하는 도중에 도메인의 핵심 개념(Key concept)을 발굴해 내는 데 도움이 된다. 그리고 향후 대화의 기틀을 마련하는 데에도 좋은데 이는 다음 장에서 살펴볼 것이다. 우리들, 즉 소프트웨어 전문가(=소프트웨어 아키텍트나 개발자)와 도메인 전문가들은, 도메인 모델을 함께 만들어 낸다. 따라서 이 모델은 두 전문 영역이 만나는 장소가 된다. 이런 과정이 시간만 소모하는 절차처럼 보일지도 모르고, 그리고 실제로도 시간을 소모하지만, 그래도 그렇게 해야만 한다. 왜냐하면 결국 소프트웨어의 목적이란 현실 세계의 도메인 안에 있는 비즈니스 문제들을 해결하기 위한 것이기 때문이다. 따라서 그 도메인과 소프트웨어는 철저하게 혼합되어야만 한다.

유비쿼터스 언어 2

공통 언어의 필요성

우리는 앞 장에서 소프트웨어 개발의 필수 요소인 도메인 모델을 소프트웨어 전문가와 도메인 전문가가 함께 만든 사례를 보았다. 하지만 이러한 접근에는 의사소통 장벽으로 인한 근본적 어려움이 있다. 개발자는 클래스, 메서드, 알고리즘, 패턴 등으로 마음속이 가득 차 있고 늘 현실 세계를 프로그램으로 매핑하려는 경향을 지닌다. 그들은 어떤 클래스를 만들어야 하고 모델에서 그 클래스들이 어떠한 관계를 맺어야 하는지에 관심이 있다. 개발자는 객체지향 프로그래밍 관점에서 상속, 다형성 등을 생각하고 항상 그런 식으로 말한다. 개발자에게는 그렇게 하는 것이 자연스러운 일이다. 개발자는 언제까지고 개발자다. 그러나 도메인 전문가는 보통 이러한 개념들 즉, 소프트웨어 라이브러리, 프레임워크, 영속성(persistence), 심지어는 데이터베이스조차 알지 못한다. 도메인 전문가는 자신의 특화된 분야에 대해서만 전문가일 뿐이다.

항공관제 감시 시스템 예에서 도메인 전문가는 비행기, 경로, 고도, 위도 및 경도를 알고 있다. 그들은 비행기의 궤적을 통해서 정상적인 경로에서 이탈하는지 여부도 알 수 있다. 그리고 이러한 것들을 외부인들은 이해하기 어려운 자신들만의 전문용어로 이야기한다.

이러한 의사소통 방식의 차이를 극복하려면 우리는 모델을 만들 때, 모델에 대한 아이디어, 포함되어야 할 요소, 그것들을 어떻게 연결할 것인지, 어떤 것들이 관계가 있고 어떤 것들은 관계가 없는지와 같은 정보를 교환해야만 한다. 이 수준에서 이루어지는 의사소통이 프로젝트가 성공하는 데 가장 중요하다. 만약 한 사람이 무엇을 말했는데 다른 사람이 이해하지 못하거나 심지어 다른 것으로 오해한다면 어떻게 프로젝트가 성공할 가능성이 있겠는가?

한 프로젝트에서 팀 멤버끼리 도메인에 관해 토의할 수 있는 공통 언어를 갖지 못하면 심각한 위험에 직면하게 된다. 도메인 전문가는 자신들의 전문용어를 사용하고, 반면 기술 팀 멤버들은 설계의 관점에서 도메인을 논의하기 위한 그들만의 언어를 사용한다.

매일매일 이어지는 토론에서 사용하는 용어는 코드와 관련된 용어에서 멀어져 간다 (코드는 소프트웨어 프로젝트에서 궁극적으로 가장 중요한 산출물이다). 그리고 심지어 용어를 사용하는 사람도 말하고 쓸 때 서로 다른 언어를 사용한다. 그 결과 도메인에 대한 가장 예리한 표현들은 흔히 일시적인 형태로만 나타나고, 코드나 심지어 산출물에서도 찾아볼 수 없게 된다.

의사소통 과정에서는 종종 어떤 개념이 의미하는 바를 다른 사람에게 이해시키기 위해 번역을 수행한다. 개발자는 몇몇 설계 패턴을 비전문가가 이해할 수 있는 언어로 설명하려고 시도하지만 실패하는 경우가 많다. 도메인 전문가는 자신의 아이디어를 이해시키기 위해 새로운 전문용어를 만들어 가면서 애쓰기도 할 것이다. 이런 프로세스에서는 의사소통이 잘 되지 않으며, 이런 유형의 번역 시도도 지식을 체계화하는 데 전혀 도움을 주지 못한다.

우리는 설계 세션 동안에 자신만의 방언을 사용하는 경향이 있다. 그러나 이러한 방언은 모든 사람의 필요를 채우지 못하기 때문에 공통 언어가 될 수 없다.

확실히 우리는 모델을 이야기하고 정의할 때 같은 언어로 말할 필요가 있다. 어떤 언어가 되어야 할까? 개발자의 언어? 도메인 전문가의 언어? 그 중간쯤의 언어?

도메인 주도 설계의 핵심 원칙은 모델 기반의 언어를 사용하는 것이다. 모델은 소프트웨어와 도메인이 서로 교차하는 지점이기 때문에 모델 기반 언어를 사용하는 것이 가장 적절하다.

모델을 언어의 중추로 사용하라. 팀에서 이루어지는 모든 의사소통 순간과 코드에서도 이 언어를 최대한 끊임없이 사용하도록 요구하라. 팀원들은 지식을 교환하고 모델을 고안하면서, 말하고 쓰고 다이어그램을 그린다. 이때 팀이 사용하는 모든 의사소통의 형식에 항상 이 언어가 사용되도록 확인하라. 이러한 관점에서 이 언어를 유비쿼터스 언어[*]라 부른다.

유비쿼터스 언어는 설계의 모든 부분과 연관되어 있다. 이 언어를 전제로 하여 설계팀이 일을 잘 할 수 있는 기반이 만들어진다. 대규모 설계 프로젝트의 설계가 형식을 갖추는 데에는, 몇 주 심지어 한 달 정도 소요된다. 팀원들은 초기 개념의 일부가 잘못되었거나 적절하지 않음을 발견하거나, 설계 전반에 고려하고 적용되어야 할 새로운 설계 요소를 발견한다. 이 일들은 모두 공통 언어 없이는 불가능하다.

언어는 하룻밤에 만들어지지 않는다. 언어가 지녀야 할 핵심 요소들을 골라내는 것은 어렵고 집중을 요하는 일이다. 우리는 도메인과 설계를 정의할 핵심 개념을 찾아 거기에 해당하는 적절한 단어를 찾

---

[*] (옮긴이) 유비쿼터스(Ubiquitous)란 '언제 어디서나 동시에 존재하는'의 뜻의 라틴어에서 유래한 것으로, 여기에서는 도메인 기반 모델을 표현한 언어가 프로젝트 전반에 걸쳐 모든 사용자에 의해 항상 사용되어야 한다는 의미로 이 용어가 사용되었다.

고 사용할 필요가 있다. 일부는 쉽게 발견할 수도 있지만 어떤 것들은 발견하기 매우 어려울 수 있다.

대안적인 모델을 표현하는 대안이 될 만한 표현들을 실험해 봄으로써 이러한 어려움을 해소할 수 있다. 이어서 새로운 모델에 부합하도록 클래스, 메서드, 모듈의 이름을 변경하여 코드를 리펙터링 하라. 늘 쓰는 단어의 의미에 서로 합의하는 식으로 혼란을 해소하라.

명확한 결과를 도출할 수 있는 언어를 만들어야 한다. 모델과 언어는 서로 매우 긴밀하게 관련되어 있어서, 언어가 바뀌면 모델도 바뀌게 되어 있다.

도메인 전문가는 어색하거나 오해를 일으키는 용어 및 구조에 반대해야 한다. 만약 도메인 전문가가 모델이나 언어의 어떤 부분을 이해할 수 없다면 그 부분은 잘못되었을 확률이 매우 높다. 반대로 개발자는 설계에서 나타날 수 있는 모호함이나 불일치를 늘 검토해야 한다.

유비쿼터스 언어 만들기

언어를 만들 때는 어디서부터 시작해야 할까? 다음은 항공 교통 관제 시스템 프로젝트의 소프트웨어 개발자와 도메인 전문가가 나누는 가상의 대화다. 굵은 글씨로 표현된 부분을 주의 깊게 살펴보기 바란다.

개발자 : 항공 교통을 감시하고 싶은데, 어디서부터 시작해야 하죠?

전문가 : 기본적인 것부터 시작하도록 하죠. 모든 항공 교통은 **비행기**(plane)에서 시작되죠. 각 비행기는 **출발지**에서 이륙해서 **목적지**에 착륙합니다.

개발자 : 쉽네요. 비행이 시작되면 조종사가 좋아하는 항로는 무엇이든 선택할 수 있나요? 다시 말해, 조종사는 목적지에 도착할 수 있는 여러 경로 가운데 어느 것을 선택하는 건가요?

전문가 : 오, 아니에요. 조종사는 따라가야만 하는 **항로**(route)를 배정받을 뿐이죠. 그리고 가능하면 그 항로를 유지해야만 하구요.

개발자 : 제게는 **항로**가 3차원 공간에서의 경로 같네요. 우리가 직교 좌표계*를 사용한다면 그 항로는 연속되는 3차원의 점들이 되죠.

전문가 : 제 생각은 좀 다릅니다. 우리는 **항로**를 그런 식으로 보지 않아요. **항로**란 사실 비행기가 공중에서 지나가리라 예상되는 점을 지상에 투영한 것입니다. 그러니까 **항로**는 **위도**와 **경도**로 이루

---

* (옮긴이) 좌표평면. 임의의 차원의 에우클레이데스 공간(혹은 내적공간)을 나타내는 좌표계의 하나. 이를 발명한 프랑스의 수학자 데카르트의 이름을 따 데카르트 좌표계(Cartesian coordinate system)라고도 부른다. 가장 흔한 3차원의 경우 직교좌표를 통상적으로 라틴문자 x,y,z로 표기한다. (출처: 위키백과)

어진 연속적인 지상의 점들의 집합인 거죠.

개발자 : 좋습니다. 그러면 지구 표면의 **고정된 지점**을 의미하니까 그 점을 고정 지점(fix)라고 부르기로 하죠. 그러면 우리는 2차원의 연속적인 점들로 표현되는 경로를 사용하게 될 것입니다. 그리고 그 **출발지**와 **목적지** 또한 하나의 **고정 지점**인 거죠. 우리는 도착지와 목적지를 별도의 개념으로 보진 않겠습니다. **항로**란 또 하나의 **고정 지점**인 목적지에 도달하게 하는 것이고요. 비행기는 항로를 지켜야만 하지만 원하는 대로 높이 날거나 낮게 날 수 있는 거죠?

전문가 : 아니요. 특정 시점에 비행기가 유지해야 하는 **고도**라는 것도 **비행 계획**에 수립되어 있어요.

개발자 : **비행 계획**이라구요? 그건 뭔가요?

전문가 : 공항을 떠나기 전에 조종사는 **비행**에 대한 모든 종류의 정보가 들어 있는 자세한 **비행 계획**을 받습니다. 항로, 순항 **고도**, 순항 **속도**, **비행기**(air plane) 종류, 심지어 승무원의 정보까지 담겨 있죠.

개발자 : 흠, **비행 계획**이라는 것이 저에게 매우 중요한 것으로 보이는데요. 모델에 포함시켜 보도록 하죠.

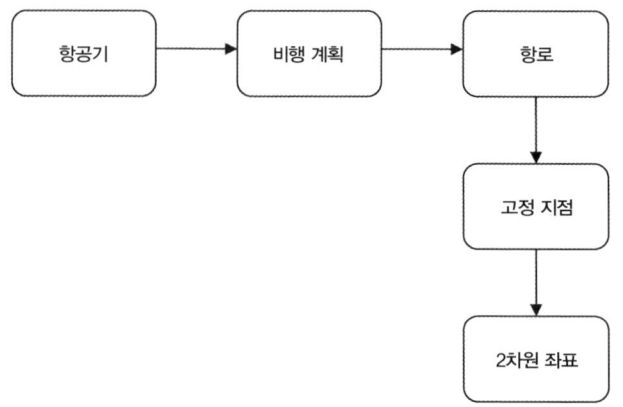

개발자 : 훨씬 좋네요. 이것을 보고 있으니 뭔가 깨닫는 게 있어요. 항공 교통을 감시할 때, 우리는 비행기 자체가 흰색인지 푸른색인지 또는 보잉인지 에어버스인지에는 관심이 없어요. 비행기의 **비행** 에만 관심이 있어요. 비행이 우리가 진정으로 추적하고 측정해야 할 대상이구요. 모델을 좀 더 정확하게 만들기 위해 수정할 필요가 있는 것 같아요.

이 팀이 항공관제 도메인에 대해 어떻게 이야기하는지, 주요 단어들을 사용하여 어떻게 점진적으로 초기 모델을 만들어 나가는지 주목하라. 또한 언어가 모델을 어떻게 바꾸어 가는지도 주목하라!

하지만 실제로는 위와 같은 대화가 훨씬 장황하게 이루어지고, 종종 어떤 사실을 돌려서 얘기하거나 너무 상세하게 설명하려고도 하며 혹은 잘못된 개념을 가지고 접근하기도 한다. 이러면 언어를 도출하기가 어려워진다. 이를 해결하기 위해서는 모든 팀원들이 공통 언어를 만들고, 이 언어가 핵심에 집중되도록 유지하고, 필요할 때 늘 사용해야 한다. 우리는 이러한 토론을 진행하면서 개발자만의 용어는 사용을 최대한 자제하고, 유비쿼터스 언어를 사용해야 하는데, 이런 방식이 의사소통을 더 명확하고 정확하게 만들기 때문이다.

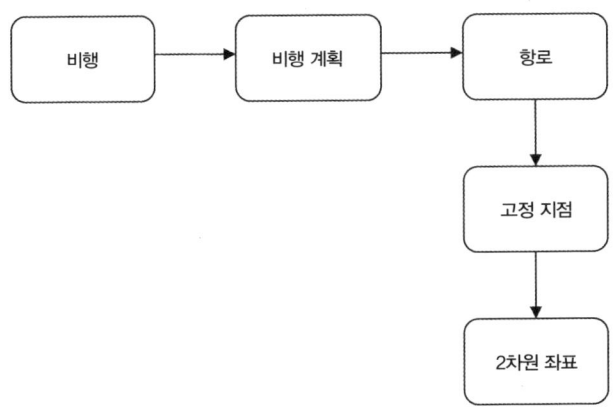

또한 개발자가 모델의 주요 개념을 코드로 구현해 보기를 강력히 권한다. 항로(Route) 클래스와 고정 지점(Fix) 클래스가 만들어지기도 할 것이다. Fix 클래스는 2DPoint(2차원 좌표) 클래스를 상속하거나 2DPoint를 중요한 속성으로 지니기도 할 것이다. 이러한 사항은 추후에 논의할 다른 요인들에 의해 결정될 수 있다. 모델 개념들을 그에 대응하는 클래스로 구현해 봄으로써, 우리는 모델과 코드, 언어와 코드를 매핑해 나간다. 이렇게 하면 코드의 가독성이 높아지고, 모델을 재구성하기에 유용하다. 프로젝트 후반부에 이르면, 모델이 커지고, 잘 된 설계를 바탕으로 하지 않은 코드 때문에 수정 하나로도 의도하지 않은 결과를 낳게 되는데, 이때 비로소 모델을 코드로 표현한 것의 가치가 나타난다. 우리는 유비쿼터스 언어가 팀 전체에서 어떻게 공유되고, 지식을 쌓고 모델을 생성하는 데 어떠한 도움을 주는지 살펴보았다. 그렇다면 언어를 어디에 사용해야 할까? 단지 언어를 사용해 말하기만 하면 되는 것일까? 우리는 이 언어로 다이어그램을 그려 왔는데, 다른 쓰임은 없을까? 글을 쓸 때도 사용해야 할까?

어떤 사람들은 UML이면 모델을 만들기에 충분하다고 말할 것이다. 그리고 사실 UML은 핵심 개념들을 클래스로 표현하고, 그 클래스들을 서로 관계로 표현하는 데는 멋진 도구임에 틀림없다. 당신은 종이에 네댓 개의 클래스를 그리고, 이름을 짓고, 그들 사이의 관계를 나타낼 수 있다. 이로써 당신의 생각이 남들에게 쉽게 이해되며, 아이디어는 쉬운 그림으로 표현된다. 그리고 누구나 특정 주제에 대해 같은 비전을 즉시 공유할 수 있고, 이러한 공유가 기반이 되어 의사소통이 매우 쉬워진다. 새로운 아이디어가 떠오르면 다이어그램을 수정해서 개념이 변경된 부분을 반영하면 된다.

UML 다이어그램들은 관련된 요소의 수가 적을 때 매우 유용하다. 그러나 UML은 시원한 여름비가 지나간 뒤의 버섯처럼 급속하게 불어날 우려가 있다. 미시시피 강만큼이나 긴 종이에 가득 차 있는 수백 개의 클래스로 당신은 무엇을 하겠는가? 이러한 다이어그램은 도메인 전문가는 말할 것도 없거니와, 소프트웨어 전문가라 할지라도 읽기 어렵다. 다이어그램의 규모가 커지면 이해할 수 없는 부분이 많아지는데, 이러한 현상은 심지어 중간 규모의 프로젝트에서도 나타난다.

또한 UML은 클래스와, 내부 속성 및 그 사이의 관계를 표현하는 데에는 매우 적합하지만, 클래스의 행동이나 제약 사항을 표현하기는 그리 쉽지 않다. 그래서 UML은 다이어그램에 노트라는 표기법을 사용한다. 이 때문에, UML은 모델의 두 가지 중요한 측면을 전달할 수가 없다. UML에 표현된 개념들의 의미, 그 개념에서 파생되는 객체들은 무슨 일을 하는가 하는 점이다. 하지만 괜찮다. 우리는 이 문제를 해결하는 데 다른 의사소통 도구를 추가할 수 있기 때문이다.

우리는 문서를 사용할 수 있다. 모델의 부분 부분을 작은 다이어그램으로 구성하는 것도 권할 만한 의사소통 방법이다. 이러한 작은 다이어그램들은 몇 개의 클래스와 클래스 간의 관계로 이루어진다. 이로써 이 다이어그램은 관련 개념의 중요한 부분을 이미 포함하는 셈이다. 이제 우리는 다이어그램에 텍스트를 추가할 수 있다. 이 텍스트는 다이어그램으로는 설명할 수 없는 행위와 제약 사항을 설명할 것이다. 이 텍스트는 도메인의 한 부분을 밝혀주는 '스포트라이트'가 되어서 중요한 점들을 설명하게 된다.

이 문서들은 심지어 손으로 작성되기도 하는데, 문서들이 아직 확정된 것은 아니라는 느낌을 주는데다, 실제로 어쩌면 머지 않아 변경될지도 모른다는 이유에서다. 그리고 이 가정이 사실인 것이, 모델이란 어느 정도 안정된 상태에 도달하기 전 초기 상태에서는 수차례 바뀌는 것이기 때문이다.

모델 전체를 다루는 한 장의 커다란 다이어그램을 작성해 보고 싶을지 모른다. 하지만 대개 모든 것을 포함하는 다이어그램을 작성하기란 불가능하다. 더 나아가서 당신이 통합된 다이어그램 작성에 성공한다고 해도, 그 다이어그램이 너무 뒤죽박죽이어서 작은 다이어그램을 모아놓은 것보다 이해하기에 나은 점이 하나도 없을 것이다.

긴 문서를 주의하라. 작성하는 데 시간이 많이 걸리고 완성도 되기 전에 쓸모없어질 수 있다. 문서란 모델과 동일한 내용이어야 한다. 잘못된 언어를 사용하고 모델을 반영하지 못하는 오래된 문서는 전혀 소용이 없다. 가능한 한 이런 문서들을 피하도록 노력하라.

또한 코드를 가지고 의사소통하는 것도 가능하다. 이러한 접근 방식은 XP 커뮤니티에서 폭넓게 추천된다. 훌륭하게 쓰인 코드는 전달력이 높다. 그러나 메서드로 표현된 행위가 명확하다고 해도, 메서드명이 메서드 내용만큼이나 명확할까? XP 커뮤니티는 테스트 토크(test-talk)의 필요성을 주장하지만, 변수명과 전반적인 코드 구조는 어떤가? 코드가 전체적인 이야기를 크고 분명하게 말하고 있는가? 기능적으로 맞는 일을 수행하는 코드라 할지라도, 늘 적절하게 코딩되는 것은 아니다. 따라서 모델을 코드로 작성하기는 매우 어렵다.

설계 기간에 의사소통하는 다른 방법들도 있다. 이를 다 언급하는 것은 이 책의 목적이 아니다. 다만 한 가지는 명확하다. 소프트웨어 아키텍트, 개발자, 도메인 전문가로 구성된 설계팀은 자신들의 행동을 통합하고, 모델 작성과 작성된 모델의 코드화를 도와줄 언어가 필요하다는 점이다.

3 모델 주도 설계

앞 장에서는 비즈니스 도메인을 중심으로 한 소프트웨어 개발 접근 방법의 중요성을 강조했다. 기본적으로 우리는 비즈니스 도메인에 깊이 뿌리내린 모델을 만들어야 하며, 핵심 개념을 매우 정확하게 반영하는 모델을 만들어야 한다. 이것은 매우 중요한 일이다. 유비쿼터스 언어는 소프트웨어 전문가와 도메인 전문가 사이의 의사소통을 촉진하고, 모델에 표현되어야만 하는 핵심 도메인 개념을 발견하기 위해 모델링 프로세스 전반에 걸쳐 충분히 사용되어야 한다. 이러한 모델링 프로세스의 목적은 좋은 모델을 만드는 것이다. 그런 다음 모델을 코드로 구현하는 작업을 수행하는데, 이 또한 소프트웨어 개발 프로세스의 다른 단계들 못지 않게 중요하다. 최고의 모델을 만들어 냈음에도 불구하고 이를 코드로 적절하게 바꾸지 못하면, 결국 신뢰할 수 없는 품질을 지닌 소프트웨어가 만들어진다.

소프트웨어 분석가는 비즈니스 도메인 전문가와 여러 달 동안 함께 일하면서, 도메인의 기본 요소들을 발견하고 요소들 간의 관계를 강조한다. 그리고 도메인을 정확하게 반영하는 올바른 모델을 생성한다. 이렇게 생성된 모델은 소프트웨어 개발자에게 전달된다. 개발자들은 모델을 보고 코드로 표현될 수 없는 개념이나 관계를 발견할 수 있다. 그래서 개발자들은 이 모델을 영감의 원천으로 사용하지만, 모델에서 아이디어를 차용하고 자신의 생각을 덧붙여서 자신만의 고유한 설계를 만들어 내는 것이다. 개발이 계속되면서, 더 많은 클래스가 코드에 추가되고, 원본 모델과 최종 구현 사이의 간극은 더 넓어진다. 이렇게 작업하다 보면 최종 결과물이 좋을지는 확신할 수 없다. 훌륭한 개발자들은 상호 협동하여 동작하는 제품을 만들어 낸다. 하지만 이 제품이 시간이 흐른 뒤에도 여전히 훌륭하다는 평가를 받을 수 있을까? 쉽게 확장 가능할까? 유지보수하기에 좋을까?

어느 도메인이든 다양한 모델로 표현되고, 또 각 모델들은 다양한 방식으로 코드로 표현될 수 있다. 또한 특정 문제에 대해서도 해법이 여러 개일 수 있다. 그렇다면 우리는 이중 무엇을 택할 것인가? 분석적으로 정확한 모델을 가지고 있다는 것이 모델을 코드로 바로 변환할 수 있음을 의미하지는 않는다. 혹은 이 모델을 구현하고자 할 때 소프트웨어 설계 원칙들을 깨뜨리는 좋지 않은 상황이 발생할 여지도 있다. 중요한 것은 쉽고 정확하게 코드로 변환할 수 있는 모델을 선택하는 것이다. 그래서 우리가 품게 되는 근본적인 질문은 '모델을 코드로 어떻게 변환할 것인가?' 하는 것이다.

'분석 모델'이라는 설계 기법이 권장되기도 한다. 이 모델은 코드 설계에서 분석을 분리하고, 분석과 코드 설계를 보통 서로 다른 사람이 작업하도록 한다. 분석 모델은 비즈니스 도메인 분석의 결과물일 뿐이고, 소프트웨어 구현은 염두에 두지 않는다. 이런 모델은 도메인을 이해하기 위해서만 사용한다. 일정 수준의 지식이 축적되고 난 뒤, 이를 바탕으로 만들어진 모델은 분석적인 측면에서 올바른 모델이다. 소프트웨어라는 요인은 혼란만 가중시킬 우려가 있기 때문에 이 단계에서는 고려하지 않는다. 이 모델은 설계를 담당할 개발자들에게 전달된다. 분석 모델은 설계 원리들을 염두에 두고 만들어진 것이 아니기 때문에 분석 모델을 가지고 설계 작업을 수행하기가 쉽지 않다. 개발자들은 분석 모델에 적응하거나 아니면 모델과 별개의 설계를 하게 된다. 그러면 모델과 코드 사이에는 더 이상 매핑 관계가 존재하지 않게 된다. 그 결과, 분석 모델은 코딩이 시작되자마자 곧바로 폐기되고 만다.

지금 설명한 이러한 분리된 접근의 주요 이슈 중 하나는 분석가들이 분석 모델에 내재된 결함이나 도메인 자체의 복잡성을 미리 알 수 없다는 점이다. 분석가는 모델의 어떤 요소에 대해서는 지나치게 상세하게 분석하면서도, 다른 부분은 그렇게까지 상세하게 분석하지 않기도 한다. 그 때문에 매우 중요한 세부 사항들이 설계하고 구현하는 과정에서 발견되는 일도 생긴다. 그래서 도메인에 충실한 모델이 객체의 영속성에 대해 심각한 문제를 지녔거나 수용 불가능한 수준의 성능을 발휘하는 것으로 판명될 수도 있다.

개발자들은 스스로의 의지에 따라 어떤 결정을 내려야만 하는 상황에 놓이게 되고, 실제로 구현할 때 모델이 만들어졌을 때는 고려하지 못했던 문제를 풀기 위해 설계를 변경해야 할 것이다. 그 결과 원래 모델과는 다른 설계를 하게 되고, 모델과는 점점 맞지 않게 된다.

분석가들이 독자적으로 작업할 경우, 결국은 어떤 모델을 만들어 내겠지만, 이 모델이 설계자들에게 넘어갔을 때, 도메인에 대한 분석가들의 지식은 일부 사라지게 된다. 모델이 다이어그램과 글로 모두 표현될 수 있을지라도 설계자들이 모델의 전체적인 의미, 객체들 간의 관계, 객체들의 행위를 올바르게 이해하지 못할 가능성은 얼마든지 있다. 게다가 다이어그램만으로는 용이하게 표현할 수 없거나 심지어 글로도 충분히 표현할 수 없는 세밀한 부분들이 모델에는 늘 존재한다. 결국 개발자들은 나중에 이러한 내용을 알아내는 데 어려움을 겪는다. 설계된 행위에 대해 자주 어림짐작해서 이해하게 되고, 때때로 이러한 짐작들이 잘못 되어서 프로그램이 올바르게 동작하지 않는다.

　분석가들은 그들만의 폐쇄된 회의에서 도메인에 대해 토론한다. 그리고 회의를 하는 과정에서 상당한 지식을 공유한다. 분석가들은 이러한 모든 정보들을 다소 압축된 형태로 모델을 통해 표현하고, 개발자들은 자신들에게 제공된 문서를 해독함으로써 그 모든 것을 이해해야만 한다. 만약 개발자들이 분석가들의 회의에 함께 참여하고, 코드를 설계하기 전에 도메인과 모델을 명확하고도 완전하게 이해한다면 훨씬 더 생산적일 것이다.

　분석 모델과 코드 설계를 분리하는 것보다 좀 더 나은 접근 방식은 도메인 모델링과 설계를 밀접하게 관련시키는 것이다. 모델이란 소프트웨어 그 자체와 설계 고려 사항에 초점을 맞추어 만들어져야 하며, 개발자들은 모델링 프로세스가 진행되는 동안 함께 참여해야 한다. 여기서 중요한 점은 설계 작업이 직관적이면서 모델을 기반으로 수행되도록 소프트웨어로 정확하게 표현할 수 있는 모델을 선택하자는 것이다. 코드와 그 기반이 되는 모델을 밀접하게 연관시킴으로써, 코드에 의미가 생기고 모델은 실제적으로 중요한 가치를 지니게 된다.

　개발자들을 피드백 제공자로 동참시켜라. 이렇게 하면 모델이 소프트웨어로 구현될 수 있다는 것을 보장할 수 있다. 만약 무언가 잘못된다면 초기에 이것을 알아내어, 문제를 쉽게 바로잡을 수 있다.

코드를 작성하는 사람들은 모델을 아주 잘 알고 있어야 하고, 모델의 무결성에 대해 책임감을 느껴야 한다. 그리고 코드의 변경이 곧 모델의 변경을 의미한다는 것을 깨달아야 한다. 그렇지 않으면 원래 모델을 더는 표현하지 않는 지경까지 코드를 리팩터링할 것이다. 반대로 분석가들이 구현 프로세스에서 분리된다면 그들은 개발 단계에서 발생하는 한계점들에 대해 관심을 잃고, 그 결과 모델은 비현실적인 것이 되고 말 것이다.

모델에 기여하는 기술자들은 모두 각자 프로젝트에서 맡은 기본 역할에 상관없이 일정 시간을 코드를 작업하는 데 써야만 한다. 또한 코드를 변경하는 책임이 있는 모든 사람은 코드를 이용해서 모델을 표현하는 방법을 배워야 한다. 모든 개발자도 모델을 주제로 한 일정 수준의 논의에는 반드시 참여해야 하고, 도메인 전문가와 만나야 한다. 여러가지 방식으로 프로젝트에 기여하는 모든 사람들은 유비쿼터스 언어를 사용하여 모델에 관한 아이디어를 활발히 공유하면서 코드를 다루는 사람들과의 관계를 의도적으로 유지해야 한다.

만약 설계나 핵심 부분이 도메인 모델과 맞아 떨어지지 않는다면 모델은 가치가 없으며 소프트웨어는 정확성을 의심받는다. 또는 모델과 설계된 기능 사이의 매핑 관계가 복잡하다면, 이러한 설계는 이해하기 어렵고, 설계를 변경할 때 현실적으로 유지보수가 불가능하다. 분석과 설계 사이에 이렇듯 치명적인 분열이 발생한다면 각 작업에서 얻는 통찰은 다른 작업에 결코 도움이 되지 못할 것이다.

소프트웨어 시스템의 각 부분은 도메인 모델이 글자 그대로 반영되도록 설계해야 한다. 그래야 매핑이 명확해진다. 심지어 도메인에 대한 더욱 깊은 통찰을 반영하려 할 때에도, 더 자연스럽게 소프트웨어에서 구현될 수 있도록 모델을 다시 살펴보고 수정해야 한다. 기본적으로 모델은 유창한 유비쿼터스 언어를 지원해야 한다. 그뿐만 아니라, 도메인을 정확하게 반영하고, 쉽게 구현될 수 있어야 한다. 이 두 가지 목적은 모두 하나의 모델을 통해 달성할 수 있어야 한다.

설계에 사용할 용어와 각 설계 요소가 기본적으로 수행해야 할 책임들은 모델로부터 도출하도록 한다. 코드는 모델을 표현할 것이고, 코드의 변경이 곧 모델의 변경으로 이어질 것이다. 이것은 프로젝트의 관련 활동들이 모두 연쇄적으로 영향을 받게 될 것임을 의미한다.

구현과 모델을 밀접하게 연관시키려면 객체지향 프로그래밍처럼 모델링 패러다임을 지원하는 개발 툴이나 언어가 필요하다.

객체지향 프로그래밍(OOP)은 구현과 모델이 같은 패러다임에 기초하고 있기 때문에 모델을 구현하기에 적합하다. 객체지향 프로그래밍은 객체의 클래스, 클래스들의 연관, 객체의 인스턴스, 서로 주고받는 메시지를 지원한다. 객체지향 프로그래밍 언어는 모델 객체와 그들 간의 관계에서 프로그래밍 영역으로 직접 매핑할 수 있게 한다.

모델 주도 설계 작업을 절차적 언어로 지원하는 데에는 많은 제약이 있다. 절차적 언어는 모델의 핵심 개념을 구현으로 변환하는 구조를 제공하지 않는다. 어떤 사람들은 객체지향 프로그래밍이 C 같은 언어로도 구현될 수 있다고 주장한다. 사실, 일부 기능은 이러한 방식으로 재현될 수도 있다. 예를 들어, 객체는 데이터 구조체로 대체될 수 있다. 그러나 구조체는 객체의 행위를 가지고 있지 않아서 별도의 함수로 구현해야 한다. 이때, 데이터를 표현한 구조체와 행위를 표현한 함수가 서로 어떻게 연관되는지 알리는 정보는 코드에서는 명시적으로 드러나지 않고, 코드가 명시적이지 않기 때문에 이러한 데이터가 어떤 의미인지는 개발자 마음속에만 존재하게 된다. 절차적 언어로 작성된 하나의 프로그램은 특정 결과를 얻기 위해 서로를 호출하는 함수들의 집합으로 이해할 수 있다. 이런 프로그램은 개념적 관계를 캡슐화하기 어렵고 도메인을 코드화하기도 어렵다.

많은 수학 이론은 대부분 계산식이다. 따라서 함수 호출과 데이터 구조로 간단히 설명할 수 있다. 이러한 일부 특수 도메인에서는 절차적 언어를 사용해서 모델을 만들고 구현하기 쉬울 것이다. 그러나 좀 더 복잡한 도메인의 경우에는 일련의 계산식이 추상화된 개념이 아니기 때문에 알고리즘의 집합으로 단순화되지 않는다. 복잡한 도메인은 절차적 언어로는 대응하는 모델을 만들어 내는 데 한계가 있다. 이것이 절차적 프로그래밍이 모델 주도 설계에는 추천되지 않는 이유다.

모델 주도 설계를 위한 블록

앞으로 나올 부분에서는 모델 주도 설계에서 사용되는 가장 중요한 패턴들을 소개한다. 여기 등장하는 패턴들의 목적은 도메인 주도 설계 관점에서 객체 모델링 및 소프트웨어 설계의 핵심 요소들을 보여주는 데 있다. 아래 다이어그램에서 패턴들과 그 관계가 나타나 있다.

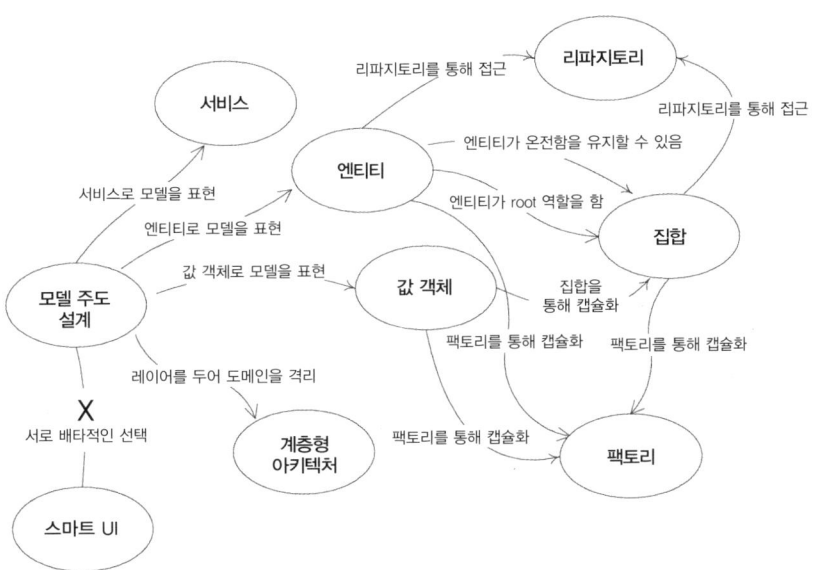

계층형 아키텍처

소프트웨어 애플리케이션을 만들 때, 응용 시스템의 상당 부분은 도메인과 직접적인 관련이 없다. 오히려 인프라스트럭처나 소프트웨어를 지원하는 제반 환경에 관련된 것들이 소프트웨어의 큰 부분을 차지한다. 도메인이 다른 부분에 비해 상대적으로 작은 부분이 되기도 하고 그래도 괜찮은 일이다. 왜냐하면 응용 시스템은 도메인과 관련된 부분 외에도 데이터베이스 접근, 파일/네트워크 접근, 사용자 인터페이스 등과 관련된 많은 코드들을 포함하기 때문이다.

객체지향 프로그램에서, UI, 데이터베이스, 도메인과 직접 관련되지 않은 여타 지원 성격의 코드들은 흔히 직접 비즈니스 객체 내부에 작성된다. 또 추가 비즈니스 로직은 UI 위젯의 행위나 데이터베이스 스크립트에 포함된다. 이런 경우는 때때로 발생하는데, 일을 빨리 처

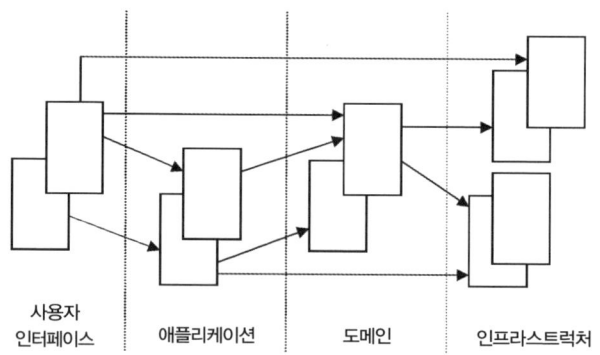

리하는 가장 쉬운 방법이기 때문이다.

그러나 이처럼 도메인과 관련된 코드가 다른 레이어와 섞여 있다면, 다른 사람이 코드를 읽고 이해하기가 매우 어렵다. UI에 가해지는 표면적인 변화가 비즈니스 로직의 변화를 일으킬 수도 있다. 비즈니스 규칙을 변경할 때에도 UI 코드, 데이터베이스 코드 및 다른 프로그램 요소까지 일일이 검토해야 할 것이다. 이러한 상황에서 응집성 있는 구현이나 모델 기반 객체는 전혀 현실적이지 못하게 되고, 자동화된 테스트도 어려워진다. 각 활동과 관련된 기술과 로직을 모두 포함하여, 프로그램 전체가 매우 단순한 상태여야 한다. 그렇지 않으면 이해하기가 매우 어렵다.

따라서 복잡한 프로그램을 '레이어'로 분할해야 한다. 각 레이어 내부에서 설계를 수행하여 응집도 높고 자기 하위 레이어에만 의존하도록 만들어야 한다. 또한 상위의 레이어에 대한 결합도를 낮추려면 표준적인 아키텍처 패턴을 따라야 한다. 하나의 레이어에 도메인과 관련된 모든 코드를 집중시켜서, 사용자 인터페이스, 애플리케이션, 인프라스트럭처 코드로부터 독립적으로 만들어야 한다. 도메인 객체들은 스스로 정보를 보여주고 저장하고 애플리케이션 작업을 관리하는 등의 부가적인 책임에서 자유롭게 두고, 대신 도메인 모델 자체를 표현하는 것에만 집중할 수 있도록 한다. 이렇게 설계할 때 모델은 풍부하고 명확해져서 핵심적 업무 지식을 충분히 포착하여 동작할 수 있게 된다.

도메인 주도 설계를 위한 공통 아키텍처 수준의 해결안은 다음 네 개의 개념적 레이어를 포함한다.

사용자 인터페이스 (Presentation Layer)	사용자에게 정보를 보여주고 사용자의 명령을 해석하는 책임을 진다.
애플리케이션 레이어	애플리케이션 활동을 조율하는 얇은 레이어. 업무 로직을 포함하지 않는다. 비즈니스 객체의 상태를 보관하지 않지만, 애플리케이션 작업의 처리 상태는 보관한다.
도메인 레이어	도메인 정보를 포함한다. 업무 소프트웨어의 심장에 해당한다. 비즈니스 객체의 상태를 포함한다. 비즈니스 객체와 이 객체의 상태 정보 중 가능한 부분의 영속성에 대한 책임은 인프라스트럭처 레이어로 위임된다. (비즈니스 객체와 그들의 상태를 영속화하는 책임은 인프라스트럭처 레이어로 위임된다.)
인프라스트럭처 레이어	다른 레이어 모두를 지원하는 라이브러리로 동작한다. 레이어 간의 통신을 제공하고 비즈니스 객체의 영속성을 구현하고 사용자 인터페이스 레이어의 라이브러리를 포함한다.

애플리케이션을 분할된 레이어로 나누고 레이어 간의 상호작용 규칙을 수립하는 일은 중요하다. 코드가 레이어로 깔끔하게 분할되지 않는다면 순식간에 서로 매우 밀접해져서, 변경하고 관리하기가 어려워진다. 한 영역에 속한 코드의 한 부분에서 단순한 변경이 하나 일어나면, 다른 영역에 기대하지도 않았고 바라지도 않던 결과가 일어날 것이다. 도메인 레이어는 핵심 도메인 이슈에만 집중해야 한다. 인프라스트럭처의 행동에 관여해서는 안 된다. 마찬가지로 UI도 비

즈니스 로직이나 일반적으로 인프라스트럭처 레이어에 속하는 작업과 밀접하게 연관되어서는 안 된다. 대개 애플리케이션 레이어는 꼭 필요한 것이고, 애플리케이션의 작업 전반을 감독하고 조율하는 관리 비즈니스 로직이 그 안에 존재한다.

애플리케이션, 도메인, 인프라스트럭처 레이어 사이의 상호작용을 다루는 일반적인 예는 다음과 같다. 비행기 편을 예약하고자 하는 사용자가 있고, 이 처리를 애플리케이션의 서비스에 요청한다. 애플리케이션 티어(Tier)는 인프라스트럭처에서 관련 도메인 객체를 찾아낸다. 그리고 이 객체를 사용해 이미 예약된 자리 이외의 여유 좌석이 있는지 알아보는 등의 관련 메서드들을 호출한다. 도메인 객체들이 이러한 검증을 모두 완료하여 상태를 '확약(decided)'으로 변경하면, 애플리케이션 서비스는 도메인 객체들의 정보를 인프라스트럭처로 반영하여 영구히 저장한다.

엔티티

소프트웨어가 여러 상태를 거치는 동안에도 동일한 값을 유지하는 식별자를 지니는 유형의 객체가 있다. 이러한 객체들에게 중요한 것은 속성이 아니라, 시스템의 전 생명주기 동안, 또는 그 이상으로 확장될 수 있는 연속성과 식별성의 흐름이다. 이러한 객체들을 엔티티라고 부른다.

객체지향 언어들은 객체의 인스턴스를 메모리에 보관하고 각 객체에 참조나 메모리 주소를 할당한다. 이 참조는 특정 시점에는 각 객체에 대해 유일하다. 하지만 이 참조가 계속 유지되리라는 보장은 없다. 사실은 그 반대다. 객체들은 메모리에 생성되었다가 사라지기를 반복한다. 직렬화되어서 네트워크를 통해 전송되었다가 다른 편에서 재생성되거나 파괴된다. 프로그램 실행 환경에서 객체를 식별해 내는 이러한 참조는 우리가 말하는 식별자가 아니다. 기온처럼 날씨 정보를 표현하는 객체가 있다고 가정해 보자. 당연히 값이 같아도 서로 다른 두 개의 객체가 존재할 수 있다. 그 객체들은 완전히 똑같고 심지어 대체도 가능하지만 서로 다른 참조를 가진다. 이러한 것들은 엔티티가 아니다.

소프트웨어 프로그램을 사용하는 사람의 개념을 구현하려고 한다면, 우리는 아마도 이름, 생년월일, 출생지처럼, 여러 속성을 지닌 Person이라는 클래스를 생성할 것이다. 이 속성들 중 어느 것이 사람의 식별자가 되는가? 이름이 같은 사람이 있을 가능성 때문에 이름은 식별자가 될 수 없다. 이름만 고려한다면, 이름이 같은 사람들을 구분할 수 없다. 같은 날짜에 태어난 사람은 많기 때문에 생년월일을 사용할 수도 없다. 출생지도 마찬가지다. 하나의 객체는 다른 객체와 완전히 동일한 속성을 가질 수도 있지만, 반드시 구분해 낼 수 있어야 한다. 식별자를 잘못 판단할 경우 데이터의 손상을 초래하기도 한다.

은행 계좌 시스템을 예로 들어보자. 각 계좌는 번호를 지닌다. 개별 계좌는 계좌 번호로 정확하게 식별해 낼 수 있다. 이 번호는 시스템의 생명주기 동안 변경되지 않으며 지속성이 보장된다. 계좌 번호는 메모리상에 객체 상태로 존재하다가 소멸될 때에는 데이터베이스에 저장되기도 한다. 실제 계좌가 더 이상 사용되지 않고 소멸되는 시점이라 하더라도, 관심이 가는 정보가 일부 있는 한, 계좌 정보를 존재시키는 것도 가능하다. 계좌 정보가 어떤 형태를 취하느냐는 중요하지 않으며 계좌 번호는 동일하게 유지된다.

그러므로 소프트웨어에서 엔티티를 구현한다는 것은 식별자를 만들어 내는 작업이라고 해도 과언이 아니다. 사람의 경우에는 이름, 생년월일, 출생지, 부모의 이름, 현재 주소 등 여러 속성의 조합이 식별자가 될 수 있고, 미국에서라면 사회보장번호를 식별자로 사용할 수 있다. 계좌 관리 시스템의 경우 계좌 번호가 식별자로 충분해 보인다. 일반적으로 식별자는 객체의 속성이거나 속성들의 조합이거나 식별자를 표현하고 관리하고자 특별히 만들어진 속성이거나 심지어 행위일 수도 있다. 서로 다른 식별자를 가진 두 객체를 시스템이 쉽게 구분할 수 있어야 한다는 점은 매우 중요하다. 시스템에서는 식별자가 같은 두 객체는 같다고 간주한다. 만약 이러한 전제가 만족되지 못한다면 전체 시스템은 오류에 빠진다.

각 객체에 저마다 유일한 식별자를 생성하는 방법은 여러 가지가 있다. 모듈에 의해 자동 생성되는 ID를 가지고, 사용자에게 보여주지 않으면서 소프트웨어 내부적으로만 식별자를 관리해도 된다. 데이터베이스에서 유일성을 보장하는 테이블의 기본 키를 사용할 수도 있다. 객체가 데이터베이스에서 조회될 때마다, 객체의 ID도 조회되어 메모리에 재생성된다. 공항을 표현하는 코드처럼 ID가 사용자에 의해 정의되는 일도 가능하다. 각 공항에는 세계 각국의 여행사가 여행 일정을 짜는 데 사용하도록 국제적으로 통용되는 독특한 문자열 ID가 붙어 있다. 또 다른 방법은 ID를 생성하는 데 객체의 속성을 사용하는 것이다. 그리고 이 속성을 쓰는 것으로는 모자랄 때, 각 객체를 식별하는 데 보탬이 되도록 다른 속성을 추가할 수도 있다.

객체가 일반 속성이 아닌 식별자에 의해 구별된다면, 모델의 해당 객체 정의에는 주로 이 식별자가 반영되어야 한다. 이때 클래스의 정의를 단순하게 유지하고 생명주기의 연속성과 식별자에 초점을 맞추도록 한다. 각 객체의 형태나 이력과 관계없이 객체 자체를 구별하는 수단을 정의해야 한다. 속성 값을 이용해 두 객체의 일치 여부를 판단하는 요구사항을 경계해야 한다. 유일성을 보장한다는 기호를 붙여서, 각 객체에 유일한 결과를 생성한다는 것을 보장하는 오퍼레이션을 정의해야 한다. 이는 식별자 메커니즘이 외부에서 왔든 시스템에 의해 임의로 생성되었든 간에, 모델에서 작동하는 식별 방식에 상응해야 함을 의미한다. 동일하다는 것이 어떤 의미인지가 반드시 모델에서 정의되어야 한다.

엔티티는 도메인 모델에서 매우 중요한 객체들이고, 모델링 작업을 시작할 때부터 깊이 고민해야 할 부분이기도 하다. 더불어 어떤 객체를 엔티티로 봐야 할지 말아야 할지 여부를 결정하는 작업 또한 매우 중요하다. 다음 패턴에서는 이 작업에 대해 논의해 보자.

값 객체

앞서 엔티티에 대해 알아보았고, 모델링 초기 단계에 엔티티를 식별해 내는 것이 얼마나 중요한지 이야기했다. 엔티티는 도메인 모델에서 꼭 필요하다. 그렇다면 우리는 모든 객체를 엔티티로 만들어야 하는 것일까? 각 객체가 모두 식별자를 가지도록 해야 하는 것일까?

모든 객체를 엔티티로 만들고 싶을지도 모른다. 엔티티는 추적될 수 있어야 한다. 그러나 식별자를 만들고 추적하는 일에는 그만한 비용이 든다. 우리는 각각의 인스턴스가 유일한 식별자를 가지도록 보장해야 할 필요가 있다. 그리고 식별자를 추적하는 일은 그리 간단하지 않다. 만약 식별자에 대해 잘못된 결정을 내리게 되면 여러 객체가 동일한 식별자를 가지게 되어 원치 않는 결과를 초래한다. 따라서 식별자를 만들 때에는 매우 주의 깊게 생각을 많이 해야 한다. 모든 객체를 엔티티로 만들면 성능상의 문제도 야기할 수 있다. 각 객체를 위해 하나의 인스턴스만이 생성되도록 해야 한다. Customer라는 엔티티 객체가 있다고 할 때, 이것은 하나의 인스턴스로서 특정 은행 고객을 의미한다. 이 인스턴스는 다른 고객의 계좌 오퍼레이션을 위해서는 재사용될 수 없다. 각 인스턴스는 개별 고객을 위해 생성된 것이다. 따라서 개별 고객들을 위한 수천 개의 인스턴스를 처리하려고 하면 시스템의 성능 저하를 야기하는 것이다.

그림을 그리는 애플리케이션을 생각해 보자. 사용자는 다양한 굵기, 스타일, 색상을 지닌 점이나 선을 캔버스에 그릴 수 있다. Point라는 클래스를 선언하면 유용하다. 그러면 프로그램은 캔버스의 각 점들에 쓰일 point 클래스의 인스턴스들을 생성할 것이다. 이 point 클래스는 캔버스나 화면의 좌표를 표현하는 속성 두 개로 구성될 것이다. 이때 각 point가 식별자를 가져야 한다고 생각하는가? 영속성이 필요한가? 아니다. 이러한 객체에서는 단지 그들의 좌표만이 중요할 뿐이다.

도메인의 특정 요소에 속성을 몇 개 포함시켜야 할 때가 있다. 객체 자체가 아니라 그 객체가 가지는 속성에만 관심이 있는 경우이다. 다시 말해, 하나의 객체가 도메인의 어떠한 측면을 표현하는 데 사용되지만 식별자가 없는 경우이며, 우리는 이것을 값 객체라고 부른다.

엔티티 객체와 값 객체를 구분할 필요가 있다. 통일성을 위해 모든 객체를 엔티티로 만들어 버리는 것은 그다지 도움이 되지 않는다. 엔티티의 정의에 부합하는 객체만을 엔티티로 선택하기를 권한다. 그리고 나머지는 값 객체로 만들어라. (우리는 다음 장에서 또 다른 타입의 객체를 다룰 테지만, 지금은 엔티티와 값 객체 타입만 있다고 가정하자.) 이렇게 하면 설계가 좀 더 단순화되고, 다른 긍정적인 결과도 생긴다.

식별자가 없는 값 객체는 쉽게 생성되고 폐기할 수 있다. 아무도 식별자의 생성에 신경 쓰지 않아도 되고, 해당 객체가 더 이상 참조되지 않는 시점에 이르면 가비지 콜렉터가 소멸시킬 것이다. 그래서 값 객체는 설계를 매우 단순하게 만든다. 값 객체는 수정할 수 없게 만들어야 한다. 생성자를 통해 값 객체를 생성하고 나면 생명주기 동안 상태가 변경되지 않는다. 다른 값을 지닌 값 객체가 필요하다면 다른 값 객체를 하나 더 만들기만 하면 된다. 수정 불가능하며 식별자가 없는 값 객체는 공유될 수 있다. 값 객체를 수정할 수 없게 만들어야 한다는 것은 어떤 설계에서는 피할 수 없는 요건이다. 변경 불가능한 객체는 중요한 성능 문제를 함께 해결할 수 있고, 데이터 무결성 같은 무결성 문제를 명백하게 드러낸다. 언제든지 변경할 수 있는 객체를 공유한다는 것이 어떤 의미인지를 상상해 보자. 항공편 예약 시스템은 각 비행을 표현하는 객체를 생성한다. 그 객체 속성 중 하나는 비행 코드가 될 것이다. 한 고객이 특정 목적지로 향하는 비행을 예약한다. 다른 고객도 같은 비행을 예약한다. 같은 비행이기 때문에 시스템은 이미 생성된 객체, 즉 해당 비행 코드를 가지고 있는 객체를 재사용하기로 할 것이다. 도중에 한 명의 고객이 마음을 바꿔 다른 항공편을 예약한다면, 변경이 가능하기 때문에 시스템은 비행 코드 자체를 변경할 것이고, 그 결과 첫 번째 고객의 비행 코드까지 바뀌게 된다.

값 객체를 공유할 수 있다면 변경 불가능하게 만들어야 한다는 것이 하나의 황금률이다. 값 객체는 단순하게 유지해야 한다. 값 객체가 다른 부분에서 필요할 때는 값을 전달하거나 복사해서 제공할 수 있다. 값 객체의 복사본을 만드는 작업은 단순하며, 보통 다른 곳에 영향을 미치지 않는다. 식별자가 없다면 원하는 숫자 만큼 복사본을 만들 수 있고, 필요할 때 이를 모두 없앨 수도 있다.

값 객체는 또 다른 값 객체를 포함할 수 있고, 심지어 다른 엔티티들의 참조를 가질 수도 있다. 값 객체는 단지 도메인 객체의 속성들을 담기 위해 사용되지만, 이것이 꼭 모든 정보가 나열된 길고 긴 목록을 가져야만 한다는 것을 의미하지는 않는다. 속성들은 서로 다른 여러 객체로 그룹핑 될 수 있다. 값 객체를 구성하도록 선택된

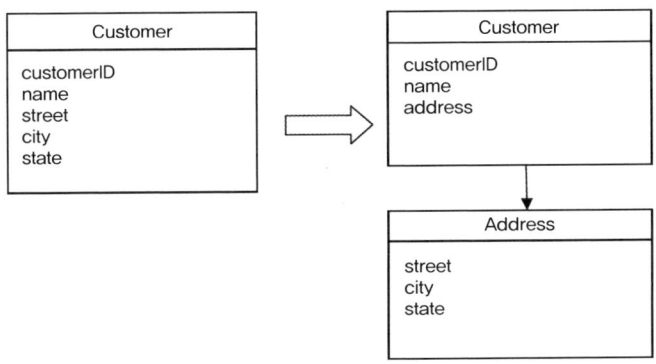

각 속성들은 하나하나가 개념적으로 완전한 의미를 가져야 한다. Customer는 name, street, city, state라는 속성 정보와 연결되어 있지만, 주소 정보는 별도의 객체에 담고 고객 객체는 해당 객체를 참조하기만 하는 편이 더 낫다. Customer 객체는 Address 객체를 포함함으로써 street, city, state 정보와 연결되는 것이다. street, city, state 정보는 Address 라는 이름으로 자체적으로 하나의 객체를 구성한다. 다이어그램에서 보여주듯 Address는 개념적으로 각각 분리된 정보가 아니며, 함께 존재해야 완전한 의미를 가지기 때문이다.

서비스

우리가 도메인을 분석하여 모델을 구성하는 주요 객체를 정의하려고 할 때 도메인의 어떤 부분들은 객체로 쉽게 매핑될 수 없다는 사실을 발견하게 된다. 객체는 속성과 객체가 관리하는 내부 상태 정보와 밖으로 드러나는 행위를 가지고 있다. 유비쿼터스 언어를 정의할 때 도메인의 핵심 개념이 나타나면 명사는 쉽게 객체로 매핑할 수 있다. 명사와 연관되어서 해당 객체의 행위를 나타내는 동사는 보통 객체의 행위 부분이 된다. 그러나 도메인의 행위 가운데 어떤 행동이나 일부 동사는 어느 객체에도 속하지 않는다. 그들은 도메인의 아주 중요한 행동이어서 가볍게 무시하거나 간단히 하나의 엔티티 혹은 값 객체에 집어넣어 버릴 수도 없다. 이러한 행위를 어떤 객체에 추가하면 그 객체에 속하지도 않는 기능을 추가하는 셈이라 결과적으로 그 객체를 망칠 수 있다. 그럼에도 불구하고, 객체지향 언어를 사용할 때에는, 우리는 객체를 행위를 포괄하는 용도로 사용해야만 한다. 기능을 그 자체만 따로 떼어놓고 선언할 수는 없다. 행위는 한 객체에 포함되어야만 한다. 때때로 이런 유형의 행위가 여러 개의 서로 다른 클래스의 객체에 걸쳐서 동작하기로 한다. 예를 들어, 한 계좌에서 다른 계좌로 돈을 보내는 경우를 생각해 보자. 이러한 기능은 보내는 계좌와 받는 계좌 중 어느 쪽에 존재해야 할까? 이것은 양쪽 어디에 두어도 잘못된 것이다.

이러한 유형의 행위가 도메인에서 식별되었을 때, 가장 좋은 해결 방법은 이러한 행위를 서비스로 정의하는 것이다. 서비스 객체는 내부적인 상태는 가지지 않으면서, 단순히 도메인에 기능을 제공하는 목적을 지닌다. 서비스가 제공하는 기능은 매우 중요하고, 서비스는 엔티티와 값 객체에 기여하는 관련된 기능들을 묶을 수 있다. 서비스는 하나의 개념을 캡슐화하여 도메인에서 명확하게 구분되어 만들어지기 때문에, 명시적으로 선언하는 편이 훨씬 좋다. 엔티티나 값 객체에 이런 기능을 넣는다면 해당 객체의 의미를 불분명하게 만들어 혼란스러워질 것이다.

서비스는 오퍼레이션을 제공하는 인터페이스와 비슷하게 동작한다. 서비스는 일반적으로 기술 프레임워크에서 흔히 볼 수 있지만, 도메인 레이어에서 사용되기도 한다. 서비스는 서비스를 수행하는 객체 자신이 아니라 오퍼레이션이 수행되는 대상이나, 목적이 되는 객체와 관련이 있다. 서비스는 이러한 방식으로 많은 객체가 관계를 맺는 지점이 된다. 따라서 처음부터 서비스의 행위들은 도메인 객체에 포함될 수 없는 것이다. 만약 이러한 기능이 도메인 객체에 포함된다면 해당 객체와 오퍼레이션 수혜자 객체 사이에 복잡하고도 밀접한 관계가 발생할 것이다. 많은 객체 간의 정도 높은 결합은 형편없는 설계의 흔적이며, 코드를 읽고 이해하기 어려워지고, 더 심각하게는, 변경하기 어려워진다.

일반적으로 서비스는 도메인 객체에 속하는 오퍼레이션을 대신해서는 안 된다. 다시 말해 오퍼레이션이 필요할 때마다 서비스를 만들어서는 안 된다는 것이다. 그러나 오퍼레이션이 도메인에서 중요한 개념을 표현하고 있다면, 그것을 표현할 서비스를 생성해야 한다. 다음은 서비스의 세 가지 특징이다.

1. 서비스에 의해 수행되는 오퍼레이션은 일반적으로 엔티티 또는 값 객체에 속할 수 없는 도메인의 개념을 나타낸다.
2. 수행되는 오퍼레이션은 도메인의 다른 객체를 참조한다.
3. 오퍼레이션은 상태를 저장하지 않는다(stateless).

도메인에서 주요 처리나 변경을 수행하는 작업을 발견했는데, 엔티티나 값 객체의 책임은 아니라면, 이를 서비스로서 독립적인 인터페이스의 오퍼레이션으로 추가한다. 이 인터페이스는 모델에서 사용하는 언어 측면에서 정의하고 이 오퍼레이션의 이름을 유비쿼터스 언어의 일부로 만들어야 한다. 서비스는 상태를 저장하지 않도록 만들어야 한다.

서비스를 사용할 때 도메인 레이어를 분리시켜야 한다는 점은 매우 중요하다. 서비스가 도메인 레이어나 인프라스트럭처 레이어 중 어느 쪽에 속하는지는 혼동하기 쉽다. 서비스는 또한 애플리케이션 레이어에 속할 수도 있는데 그러면 좀 더 복잡해진다. 이러한 서비스들을 도메인 레이어에 존재하는 서비스들과 구분하기는 매우 어렵다. 설계 단계 동안 모델에서 작업하면서, 도메인 레벨이 다른 레벨과 확실히 분리시킬 필요가 있다.

애플리케이션이나 도메인 서비스들은 양쪽 모두 그 객체들과 직접 관계된 기능을 제공하는 도메인 엔티티와 값 위에 만들어진다. 따라서 서비스가 속하는 레이어를 결정하기는 어렵다. 하지만 만약 오퍼레이션이 개념적으로 애플리케이션 레이어에 속하는 일을 수행한다면 해당 서비스는 그 레이어에 존재하는 것이 맞다. 만약 오퍼레이션이 도메인 객체에 관한 것이고 엄밀하게 도메인과 연관되어 있으며 도메인에 필요한 것을 제공한다면 도메인 레이어에 속하도록 해야 한다.

웹 리포팅 애플리케이션이라는 실용적인 예제를 하나 생각해 보자. 보고서는 데이터베이스에 저장된 자료를 사용하고 템플릿에 기초하여 생성된다. 최종 결과는 웹 브라우저를 통해 사용자에게 나타내기 위해 HTML 페이지로 제공된다.

UI 레이어는 웹 페이지와 상호작용하고, 사용자가 로그인하도록 하며, 원하는 보고서를 클릭하여 선택할 수 있어야 한다. 애플리케이션 레이어는 사용자 인터페이스와 도메인 및 인프라스트럭처 사이의 얇은 레이어라고 할 수 있다. 애플리케이션 레이어는 로그인 오퍼레이션을 수행하는 동안에는 데이터베이스 인프라스트럭처와 상호작용하고, 보고서를 생성할 때는 도메인 레이어와 상호작용한다. 도메인 레이어는 도메인의 핵심 내용을 포함할 것이고 도메인 레이어의 객체는 보고서와 직접적으로 관계된다. 보고서는 Report와 Template이라는 두 객체를 바탕으로 생성된다. 인프라스트럭처 레이어는 데이터베이스 및 파일 접근을 지원한다.

사용자가 생성된 보고서를 선택할 때, 실제로는 보고서 이름 목록에서 어떤 이름을 하나 선택하는 것이다. 이 이름은 reportID이고 하나의 문자열이다. 보고서에 나타낼 항목들이나 보고서에 포함될 자료의 기간 같은 다른 인수도 reportID와 함께 전달된다. 도메인 레이어는 주어진 이름의 보고서를 생성하여 리턴하는 책임을 가진다. 보고서는 템플릿에 기초하고 있기 때문에, 해당 reportID에 상응하는 템플릿을 얻는 목적을 지닌 서비스를 선언할 수 있다. 이 템플릿은 파일이나 데이터베이스로 저장되어 있다. 템플릿을 조회하는 오퍼레이션을 Report 객체 자체에 포함시키는 것은 적절하지 않다. Template 객체에 포함시키는 것도 맞지 않다. 그러므로 reportID에 맞는 보고서 템플릿을 가져올 목적을 지닌 서비스를 분리해서 생성해야 하는 것이다. 이 서비스는 도메인 레이어에 속할 테고, 해당 템플릿을 디스크에서 가져오기 위해 파일 인프라스트럭처를 사용할 것이다.

모듈

규모가 크고 복잡한 애플리케이션의 경우 그 모델은 점점 더 커지는 경향이 있다. 어떤 지점에 다다르면 모델 전체를 가지고 이야기하는 것이 힘들어지고 작은 부분들 간의 관계나 상호작용을 이해하기도 어려워진다. 이러한 이유로 인해, 모델은 모듈로 나누어 구조화할 필요가 있다. 모듈화란, 관련된 개념과 작업을 조직화하여 복잡도를 감소시키는 기법이다.

모듈은 대다수 프로젝트에서 광범위하게 사용된다. 대규모 모델일지라도 모델에 속해 있는 모듈과 이들 간의 관계를 중심으로 본다면 그 개요를 파악하기 쉬워진다. 모듈들 간의 상호작용이 이해되었다면 그때부터 모듈 하나하나의 내부를 파악하기 시작하면 된다. 이 방식은 복잡도를 관리하는 데 쉽고도 효과적이다.

모듈을 사용하는 또 하나의 이유는 코드의 품질 때문이다. 코드가 높은 응집도와 낮은 결합도를 추구해야 한다는 것은 널리 알려진 사실이다. 응집도가 클래스와 메서드 레벨에서 시작하지만 모듈 레벨에도 적용될 수 있다. 응집도를 가능한 한 최대화하기 위해서 밀접한 관계를 지닌 클래스들을 하나의 모듈로 정의하는 방법이 권장된다. 응집도에는 여러 종류가 있다. 가장 널리 사용되는 것은 통신 응집도(communicational cohesion)와 기능 응집도(functional cohesion)다.

통신 응집도는 모듈의 일부가 같은 데이터를 다룰 때 얻을 수 있다. 이 코드들은 관계가 견고하기 때문에 그룹핑하는 것이 당연하다. 기능 응집도는 모듈의 모든 부분이 잘 정의된 임무를 함께 수행하고 있을 때 얻어지며, 이것은 최고의 응집도라 할 수 있다.

설계에서 모듈을 사용할 때는 응집도는 높이고 결합도는 낮추는 방향으로 적용해야 한다. 모듈은 기능적으로나 논리적으로 응집도를 보장하는 요소들이 모여서 구성되어야 한다. 모듈은 다른 모듈들이 접근할 수 있는 잘 정의된 인터페이스를 가져야 한다. 모듈 내부에 있는 세 개의 객체를 호출하는 대신 하나의 인터페이스에 접근할 수 있다면 후자가 결합도를 감소시키기 때문에 더 좋다. 결합도가 낮으면 복잡도가 감소하고, 그러면 관리하기에 용이한 시스템을 만들 수 있다. 모듈 하나가 다수의 다른 모듈과 연관되어 있는 것보다 잘 정의된 임무를 수행하는 모듈끼리 연결 고리가 별로 없을 때 시스템의 기능을 이해하기가 훨씬 수월하다.

시스템을 잘 설명할 수 있고, 응집도 높은 개념의 집합으로 구성되도록 모듈을 선정하라. 이렇게 하면 대개 모듈 간의 결합도를 낮춰 얻을 수 있다. 만약 얻지 못했다면 개념들을 알기 쉽게 풀어내기 위해 모델을 변경하는 방법을 모색하거나, 요소들을 의미 있는 방법으로 함께 묶어 줄 모듈의 기반이 되는 요소를 빠뜨린 것이 없는지 찾아보아야 한다. 이해하기 쉽고 다른 요소들과는 독립적으로 존재하게 하는 낮은 결합도를 추구해야 한다. 모델이 상위 수준의 도메인 개념에 잘 부합하게 분할되도록 정련하고, 관련 코드도 서로 결합되지 않도록 해야 한다.

모듈에 이름을 부여하라. 이 이름은 유비쿼터스 언어를 구성할 것이다. 도메인에서 얻어지는 통찰이 모듈과 그 이름을 통해 도메인 내부로 반영되도록 이름 짓기에 신중을 기해야 한다.

설계자들은 설계 초기부터 모듈을 만드는 것에 익숙하다. 모듈은 우리가 설계하는 데 일상적으로 등장한다. 모듈의 역할이 결정되고 나면 모듈 내부에는 변경이 많이 일어나는 반면에 모듈이 제공하는 내용 자체는 변경되지 않는 경향을 보인다. 그러나 약간의 유연성을 가질 필요가 있어서, 모듈을 최종 확정시키지는 말고 프로젝트와 함께 진화시켜 나가기를 권장한다. 모듈의 리팩터링은 클래스의 리팩터링보다 노력이 더 많이 들어가는 것이 사실이지만, 모듈에서 설계상의 결함을 발견했다면 직접 해당 모듈을 수정하고, 그 다음에 주변의 다른 모듈을 수정하여 해결하는 것이 더 좋다.

집합

이 장에서 다룰 나머지 세 가지 패턴은 도메인 객체의 생명주기를 다루는 것으로, 이것은 모델링의 또 다른 면에 속한 도전과제라 할 수 있다. 도메인 객체는 생명주기 동안 여러 가지 상태를 거친다. 이것은 생성되어 메모리상에 위치하고, 계산에 사용된 뒤, 소멸된다. 어떤 경우에는 일정 시간이 지난 후에 다시 조회할 수 있도록 데이터베이스 같은 영구적인 곳에 저장되기도 한다. 또한 특정 시점에는 데이터베이스나 압축된 저장 장소를 포함한 모든 곳에서 완벽하게 삭제되기도 한다.

도메인 객체의 생명주기를 관리하는 것은 그 자체로 매우 도전적인 작업이다. 만약 올바르게 수행되지 않는다면 모델 전체에 부정적인 영향을 줄 수 있기 때문이다. 우리는 도메인 객체의 생명주기 관리라는 과제를 잘 다루기 위하여 다음 세 가지 패턴을 소개한다. 집합(Aggregate)은 객체의 소유권과 경계를 정의하는 데 사용되는 패턴이고, 팩토리(Factory)와 리파지토리(Repository)는 객체의 생성과 저장을 도와주기 위한 설계 패턴이다. 먼저 집합부터 살펴보도록 하자.

모델 하나는 굉장히 많은 도메인 객체를 담을 수 있다. 우리가 설계에 얼마나 많은 고려 사항을 집어넣든지 간에 복잡한 관계망을 형성하면서 수많은 객체가 서로 연관된다. 이러한 연관 관계에는 몇 가지 유형이 있다. 모델에서 추적 가능한 각각의 관계가 있을 때, 그것을 실제로 구현할 소프트웨어적 메커니즘이 존재해야 한다. 실제 도메인 객체들 간의 관계는 결국 코드로 표현되고 심지어 데이터베이스에도 존재하게 된다. 예를 들어 고객과 고객의 이름으로 개설된 계좌 간의 일대일 관계는 두 객체 간에 참조가 있음을 표현하며, 고객을 담은 테이블과 계좌 정보를 담은 테이블 간에 관계가 있음을 암시한다.

모델에서 도전과제는 완성도를 충분히 갖춘 모델을 작성하는 데 있다기보다는 오히려 어떻게 해야 모델을 단순하고 이해하기 쉽게 만들 수 있느냐에 있다. 그래서 모델에서 관계를 제거하거나 단순화하는 데 대부분의 시간을 소모한다. 그 관계들이 도메인에 대한 깊은 이해를 표현하지 않는다면 제거될 것이다.

일대다 관계는 관계될 많은 객체를 수반하기 때문에 좀 더 복잡하다. 이러한 관계는 (언제나 가능한 것은 아니지만) 한 객체가 다른 객체의 집합(collection)과 관계를 가지는 것으로 단순화할 수 있다.

다대다 관계는 대부분 양방향이다. 이 관계는 복잡도를 가파르게 상승시켜 객체들의 생명주기 관리를 매우 어렵게 만든다. 관계에 참여하는 객체의 숫자(다수성, multiplicity)는 가능한 한 최소화 하는 것이 좋다. 이를 위해 첫째, 모델의 핵심 사항이 아닌 관계가 있다면 그 관계를 제거한다. 핵심 사항이 아닌 관계는 실제 도메인에는 존재할 수도 있지만 우리의 모델에 반드시 필요하지는 않으므로 이를 제거해도 된다. 둘째, 다수성(multiplicity)의 숫자는 제약사항(constraint)을 추가하여 감소시킨다. 만약 많은 객체가 어떤 관계를 만족한다면,

올바른 제약조건이 부과된 단 하나의 관계로 이를 표현하는 것이 가능할 것이다. 셋째, 많은 경우 양방향 관계는 단방향 관계로 대체될 수 있다. 각 자동차에는 엔진이 있고, 각 엔진은 자신이 구동하는 자동차가 붙는 경우를 가정해 보자. 이 관계는 양방향이지만 자동차에 엔진을 포함하고 반대 방향은 제거하는 것으로 단순화하여 생각할 수 있다.

객체들 간의 관계를 단순화하고 제거한 뒤에도 여전히 객체 사이에 관계가 많을 수 있다. 은행 시스템은 고객 데이터를 포함하고 처리한다. 이 자료는 이름, 주소, 전화번호, 직업 등의 개인 정보와 계좌 번호, 잔액, 수행된 오퍼레이션 등 계좌 정보를 담고 있다. 시스템이 고객과 관련된 이러한 정보를 압축하여 보관하거나, 완전히 지우려고 할 때, 모든 참조 관계도 삭제되어야 한다. 만약 수많은 객체들이 이러한 참조를 갖는다면 이 관계들이 모두 삭제된다고 보장하기는 어려울 것이다. 또한 고객 데이터의 특정 정보가 변경된다면, 시스템 전체에 이 변경이 적절하게 또 확실하게 반영되도록 해서 데이터 무결성을 보장해야 한다. 복잡한 관계의 무결성을 유지하는 작업은 보통 데이터베이스 수준의 작업으로 남게 되고, 트랜잭션을 통해 데이터의 무결성을 보장한다. 그러나 모델이 주의 깊게 설계되지 않는다면 이러한 처리를 수행할 때 데이터베이스에서 강도 높은 경쟁이 일어나 성능 저하가 초래된다.

데이터베이스 트랜잭션이 이러한 필수 불가결한 역할을 수행하긴 하지만, 데이터 무결성에 관련된 일부 문제들은 여전히 모델 수준에서 직접 해결하는 편이 바람직하다.

또 불변식을 따르도록 강제하기도 해야 한다. 불변식은 데이터가 변경될 때마다 검증해야 하는 규칙이다. 그러나 수많은 객체가 수정된 데이터 객체를 참조하고 있을 때, 이 규칙을 실현하기는 매우 어렵다.

관계가 복잡한 모델에서는 객체가 일관성을 유지하도록 보장하는 것도 어렵다. 대개 불변식은 홀로 떨어져 있지 않으며 다른 객체들과 밀접하게 관련된 경우에 적용된다. 그러나 신중한 락킹(locking) 체계가, 다수의 사용자가 무의미하게 서로를 방해하게 하기 때문에 시스템이 사용 불능 상태에 빠지게 된다.

따라서, 집합을 사용하라. 집합은 데이터를 변경할 때 하나의 단위로 간주되는 관련된 객체들의 집합이다. 집합은 하나의 객체의 외부와 내부를 가르는 경계를 정해 구분한다. 각 집합은 하나의 root를 지닌다. root는 엔티티이고 외부에서 접근할 수 있는 창구다. root는 집합된 다른 객체들에 대한 참조를 담고 있으며, 다른 객체들은 서로 관계를 맺고 있다. 그러나 객체의 외부에서는 root 객체를 통해서만 참조할 수 있다. 그 경계 안에 다른 엔티티가 있다면 이러한 엔티티들의 식별자는 지역적이어서 집합 내부에서만 의미가 있다.

집합이 어떻게 데이터 무결성을 보장하고 불변식을 강제할 수 있을까? 바로 다른 객체들은 root에 대한 참조만을 지니기 때문이다. 다시 말해 다른 객체들은 집합에 속한 객체들을 변경할 수 없다는 말이다. 다른 객체들은 root를 바꾸거나, root에게 어떤 행동을 수행하라고 요청할 수 있을 뿐이다. 그리고 root는 다른 객체들을 변경할 수 있지만 이러한 변경은 집합 안에 포함된 오퍼레이션이고, 이 오퍼레이션은 제어 가능하다. 만약 root가 삭제된다면 집합에 속한 다른 모든 객체도 삭제된다. 왜냐하면 내부 객체를 참조하는 외부의 다른 객체가 존재하지 않기 때문이다. root에 변경이 가해질 때 집합에 있는 모든 객체에 간접적으로 영향을 주게 되며, root가 변경을 처리하는 작업을 수행하기 때문에 불변성을 강제하기가 쉽다. 반대로 외부 객체가 내부 객체에 접근하여 변경시키는 것은 훨씬 더 어렵다. 이런 환경에서 불변식을 강제한다는 것은 외부 객체에 이런 처리를 하는 특수 로직을 추가한다는 의미이며, 이런 방식은 바람직하지 않다.

오퍼레이션이 모두 수행된 뒤에는 외부 객체가 내부 객체를 더 이상 참조하지 못하게 하는 조건을 달아 root가 내부 객체에 대한 일시적인 참조를 외부 객체에 전달하는 것은 가능하다. 이는 값 객체의 복사본을 외부 객체에 전달하는 간단한 방법을 쓴다. 이렇게 하면 집합의 무결성은 영향 받지 않으므로 전달된 객체에 무슨 일이 일어났는지는 중요하지 않게 된다.

만약 집합의 객체들이 데이터베이스에 저장되어 있다면 질의문을 통해서 얻을 수 있는 유일한 객체는 root뿐이다. 다른 객체들은 관계를 따라가면서 얻어야 한다.

집합 내부 객체들은 다른 집합의 root를 참조할 수 있어야 한다.

root 엔티티는 전역 식별자를 지니며 불변식을 검증할 책임을 진다. 내부 엔티티는 지역 식별자를 지닌다.

엔티티와 값 객체를 집합 내부에 포함시키고 각 집합 간에 경계를 설정하라. 엔티티를 하나 선정하여 각 집합의 root로 삼고, 경계 내부의 객체들에는 root를 통해서만 접근하도록 제어하라. 외부 객체들은 root에 대해서만 참조할 수 있어야 한다. 내부 멤버에 대한 임시 참조는 단일 오퍼레이션 내부에서만 사용되도록 전달한다. 왜냐하면 root가 접근을 제어해야 하기 때문인데, 내부를 변경하여 root가 취약점이 되어서는 안 된다는 이유에서다. 이러한 방식의 제어권 할당은 집합 내부 객체들 및 전체 집합 자체가 어떠한 상태 변화에도 전체적으로 불변식을 보장할 수 있는 실용적 방안이다.

aggregation의 간단한 예제는 다음 다이어그램과 같다. Customer는 집합의 root이고 다른 객체들은 모두 내부 객체다. 만약 주소(Address)가 필요하다면 그 복사본이 외부 객체로 전달될 수 있다.

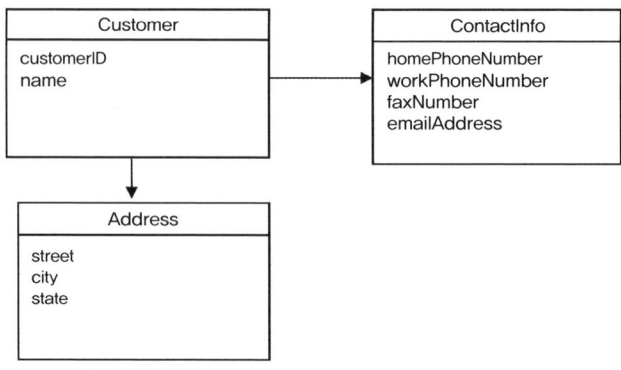

팩토리

엔티티와 집합은 종종 root 엔티티의 생성자를 통해 생성하기에는 너무 크고 복잡하다. 사실 복잡한 집합을 자신의 생성자를 이용해 만들어 내려는 시도는, 실제 도메인의 처리 방식과는 정반대 방식이다. 실제 도메인에서는 (조립라인에서 전자제품을 만드는 것처럼) 사물이 외부의 다른 사물에 의해 생성된다. 자신의 생성자를 통해 스스로를 생성하려는 시도는 마치 프린터가 자기 자신을 생성하려고 하는 것과도 같다.

Customer 객체가 다른 객체를 생성하고자 할 때, 아마 몇 개의 매개변수를 가지고 해당 생성자를 호출할 것이다. 그러나 객체를 생성하기란 힘든 일이다. 객체를 생성하는 동안에는 객체의 내부 구조,

그 객체가 포함하고 있는 다른 객체가 서로 맺을 관계, 이와 관련되어 적용해야 할 규칙에 대한 충분한 지식이 필요하다. 이것은 이 객체를 생성하도록 요청한 Customer 객체가 생성될 객체에 대해 특별한 지식을 지녀야만 될 것이라는 의미다. 그러나 이러한 지식을 포함하면 도메인 객체의 캡슐화와 집합의 캡슐화에 위배된다. 만약 고객이 애플리케이션 레이어에 속한다면 도메인 레이어의 일부 정보를 레이어 밖으로 내보내는 결과를 가져올 것이고, 전체 설계는 뒤죽박죽이 된다. 실생활에 비유하자면 플라스틱, 고무, 철, 실리콘을 가지고 우리 자신만의 프린터를 만들려는 것과도 같다. 불가능한 일은 아니겠지만, 그럴만한 가치가 있는 일도 아닌 것이다.

하나의 객체를 생성하는 것은 그 자체로 주요 오퍼레이션에 해당하지만, 복잡하게 조합된 오퍼레이션을 이미 생성된 객체가 부담하게 하는 것은 적절하지 않다. 이러한 책임들을 생성된 객체와 결합시키는 것은 이해하기 어려운 조악한 설계를 낳는다.

따라서 복잡한 객체 생성의 절차를 캡슐화할 수 있는 새로운 개념이 도입될 필요가 있다. 이것이 팩토리(factory)다. 팩토리는 객체 생성에 필요한 지식을 캡슐화하는 데 사용되며 집합를 생성하는 데 특히 유용하다. 집합의 root가 생성될 때 집합에 포함된 모든 객체는 root에 따라서 생성되고 모든 불변식이 강제된다.

중요한 것은 생성 절차를, 쪼갤 수 없는 원자적인 상태로 만들어야 한다는 점이다. 만약 그렇지 못하면 생성 절차가 절반 정도만 수행되어 일부 객체의 상태가 정의되지 않은 상태로 남아 있을 수도 있다. 이것은 집합의 경우는 더욱 그렇다. root가 생성될 때 모든 객체가 불변식에 맞게 생성되어야 한다. 그렇지 않으면 불변식이 보장되지 않는다. 값 객체는 변경되지 않는 객체이므로 모든 속성이 올바른 상태로 초기화되어야 한다. 만약 객체가 적절하게 생성되지 않았다면 예외를 발생시켜, 잘못된 객체가 반환되지 않도록 해야 한다.

그러므로 복잡한 객체와 집합 객체를 생성하는 책무를 별도의 객체에 맡겨야 한다. 그 자신은 도메인 모델 내에서 어떠한 책임을 지지 않으면서도 여전히 도메인 설계의 일부인, 그런 객체 말이다. 모든 복잡한 조합을 캡슐화하고, 클라이언트가 인스턴스화된 객체들의 구체적인 클래스를 참조할 필요가 없는 인터페이스를 제공해야 한다. 전체 집합을 한 단위로 생성하고 불변식을 보장할 수 있어야 한다.

팩토리를 구현하는 몇 가지 설계 패턴이 있다. 에릭 감마 등이 저술한 『Design Patterns』에서 이를 자세히 다루고 있는데, 팩토리 메서드(Factory Method)와 추상적인 팩토리(Abstract Factory)라는 두 패턴이다. 우리는 이 패턴들을 설계 관점에서 제시하는 것이 아니라 도메인 모델링 관점에서 사용해 볼 것이다.

팩토리 메서드는 다른 객체를 생성하는 데 필요한 지식을 포함하지만, 외부에 드러내지 않는 객체 메서드다. 이 메서드는 집합에 속한 객체를 생성하고자 할 때 매우 유용하다. 해결 방법은 객체 생성과 불변식을 보장하는 메서드를 집합 root에 추가해서 객체의 참조나 복사본을 되돌려 주는 것이다.

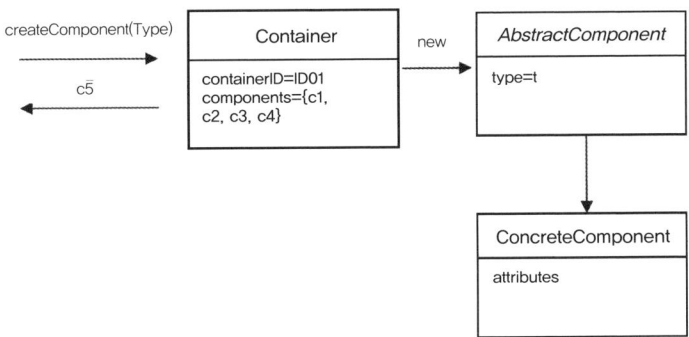

컨테이너는 임의의 타입의 컴포넌트를 포함한다. 따라서 특정 컴포넌트가 생성되었을 때 자동으로 컨테이너에 포함될 필요가 있다. API 클라이언트는 컨테이너의 createComponent(Type t)라는 메서드를 호출하면 된다. 컨테이너는 새로운 컴포넌트를 생성하고, 컴포넌트의 concreate 클래스는 그 컴포넌트 타입에 의해 결정된다. 생성된 후에는 컴포넌트는 컨테이너에 포함되어 컴포넌트의 집합에 추가되고 그 복사본이 클라이언트에게 전달된다.

객체의 생성이 좀 더 복잡하거나 여러 객체를 생성하는 경우도 있다. 예를 들어 집합의 생성처럼 말이다. 집합에 관한 처리에서, 내부적 생성은 이를 별도로 전담하는 팩토리 객체가 수행하고, 생성 자체는 외부에는 드러나지 않아야 한다. 출발지로부터 목적지까지 이어지는 경로를 주어진 일련의 제약 조건에 따라 계산하는 프로그램 모듈을 생각해 보자. 사용자는 그 프로그램이 구동되는 웹사이트에 로그인하여 '가장 짧은 경로, 가장 빠른 경로, 가장 저렴한 경로' 같은 제약 조건을 구체화한다. 경로제약조건 선택 정보는 나중에 해당 사용자가 다시 로그인했을 때 조회할 수 있도록 사용자 정보와 함께 기록된다.

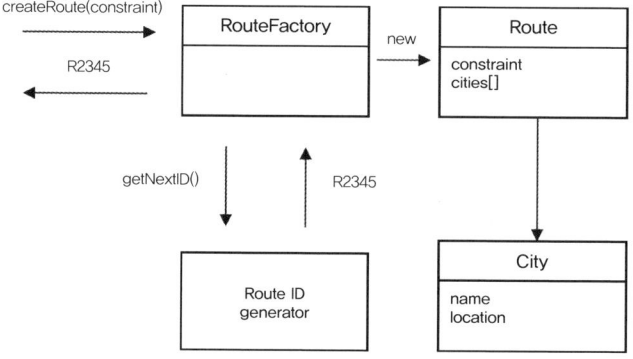

Route ID 발생 프로그램은 하나의 엔티티에 필요한 각 Route에 쓰일 유일한 식별자를 만들어 내는 데 사용된다.

팩토리를 생성할 때는, 객체의 캡슐화를 깨뜨리기 때문에 매우 주의해서 작업해야 한다. 생성 작업에 관련된 규칙이나 불변식에 영향을 미치는 어떠한 변경이 객체에 일어날 때마다, 새로운 조건을 지원할 수 있도록 팩토리를 수정해야 한다. 팩토리들은 생성한 객체들과 밀접하게 관련되어 있다. 이것은 약점이지만 동시에 강점이 되기도 한다. 집합은 밀접하게 관련된 연속된 객체를 포함한다. root의 생성은 집합에 속해 있는 다른 객체들의 생성과 연관되어 있고, 집합 내부 객체들을 연관시키는 일정 수준의 로직을 추가해야 한다. 그 로직은 원래 어떤 객체에도 속하지 않는다. 왜냐하면 다른 객체의 생성에 관여하는 내용이기 때문이다. 이러한 집합 전반의 생성 작업을 다루는 업무는 특별한 factory 클래스가 맡는 것이 적절하고, 이 작업은 집합이 유효하도록 보장하는 제약 조건과 불변식에 관한 규칙도 포함한다. 객체는 단순한 상태로 유지되어야 하고, 복잡한 생성 로직의 파편을 포함하지 않은 상태로 본연의 목적에 충실해야 한다.

엔티티 팩토리와 값 객체 팩토리는 다르다. 값(value)은 변하지 않는 객체이고 모든 속성 값이 생성 시점에 정의되어야 한다. 객체가 생성되었을 때 유효하고 변경되지 않을 값을 가지고 있어야 한다. 그 객체는 결코 변경되지 않는다. 반대로 엔티티는 변경될 수 있다. 생성된 이후에 변경될 수 있기 때문에 속성 값을 설정하는 작업에서는 모든 불변식을 다시 고려해야 한다. 또 다른 차이점은 엔티티는 식별자가 있어야 하지만, 값 객체는 식별자가 없어도 된다는 것이다.

팩토리가 필요하지 않고 단순한 생성자로 족한 경우도 있다. 다음과 같은 경우에는 팩토리 대신 생성자를 사용한다.

- 생성 작업이 복잡하지 않다.
- 객체의 생성이 다른 객체의 생성과 연관되어 있지 않으며 모든 속성이 생성자를 통해 전달되어야 한다.
- 클라이언트가 구현에 관심이 있어서, 사용할 전략(Strategy) 패턴을 선택하려고 한다.
- 클래스가 바로 해당 타입이다. 관련된 계층 구조가 없어서 concrete 구현 목록에서 선택할 필요가 없다.

관찰해 본 바에 따르면 팩토리는 아무것도 없는 상태에서 완전히 새로운 객체를 생성할 필요가 있다. 그렇지 않으면 데이터베이스에 영구 저장되어 있던 객체처럼 이전에 존재하는 객체를 재구성해야 하는 책임까지 수행해야만 한다. 데이터베이스의 저장소에서 메모리로 엔티티의 정보를 올려놓는 작업은 새로운 객체를 생성하는 것과는 완전히 다르다. 첫 번째 차이점은 데이터베이스에서 읽은 새로운 객체는 새로운 식별자를 가질 필요가 없다는 점이다. 새로운 객체는 이미 하나의 식별자를 지닌다. 불변식의 위반도 다르게 처리해야 한다. 완전히 새로운 객체가 생성될 때 불변식의 위반은 예외 발생으로 귀결된다. 그러나 데이터베이스로부터 재생성된 객체를 가지고는 이러한 일을 할 수 없다. 그 객체는 어딘가 수정 및 보완이 되어야 기능할 수 있고 그렇지 않으면 데이터를 잃는다.

리파지토리

모델 중심 설계에서 객체는 생성과 함께 삶을 시작하여 삭제되거나 저장소에 보관되는 순간 생을 마친다. 생성자 또는 팩토리는 객체의 생성을 다룬다. 객체 생성의 목적은 순수하게 그 객체를 사용하는 데 있다. 객체지향 언어에서는 하나의 객체를 사용하기 위해서 반드시 다른 객체가 해당 객체의 참조 주소를 가지고 있어야만 한다. 이러한 참조를 얻고자 클라이언트는 객체를 직접 생성하거나 다른 객체에 존재하는 연관 관계를 추적한다. 예를 들어 집합의 값 객체를 얻기 위해 클라이언트는 집합의 root를 얻어야만 한다. 이때 문제는 클라이언트가 어떻게 root를 참조할 수 있는가 하는 것이다. 대형 애플리케이션에서 한 객체가 다른 객체의 참조나 각 객체에 접근할 수 있는 또 다른 객체의 참조를 항상 가지게 두는 것은 바람직하지 않다. 왜냐하면 이러한 설계 규칙을 사용한다는 것은 일반적인 경우에는 가지고 있지 않을 일련의 참조를 지니게 되기 때문이다.

이렇게 되면 결과적으로 결합도가 높아지고, 실제로 필요하지도 않은 연속적인 연관 관계가 생성된다.

객체를 사용한다는 것은 그 객체가 이미 생성되었다는 의미다. 그 객체가 집합의 root라면 바로 엔티티가 되겠고, 데이터베이스나 또는 다른 영속적인 형태를 통해 지속성이 보장되어 저장되었을 것이다. 만약 값 객체라면 연관 관계를 추적함으로써 엔티티로부터 해당 객체를 얻을 수 있을 것이다. 대부분의 객체들은 데이터베이스를 직접 조회하여 바로 얻을 수 있다. 이것은 객체의 참조를 얻어야 한다는 문제를 해결해 준다. 클라이언트가 객체를 사용하기를 원할 때, 데이터베이스에 접근하여 사용하고자 하는 객체를 조회해 오면 되는 것이다. 이것은 빠르고 간단한 해결안인 것처럼 보이지만 설계에는 상당히 좋지 않은 영향을 준다.

데이터베이스는 인프라스트럭처의 일부를 구성한다. 클라이언트가 데이터베이스 접근에 대해 세부 사항까지 알 필요가 있다는 것은 좋지 않은 해결책이다. 예를 들어 클라이언트가 원하는 데이터를 얻기 위해 SQL 쿼리를 만들어야 한다고 가정해 보자. 이 쿼리는 레코드의 집합을 결과로 반환하면서 동시에 내부적인 세부 사항 이상의 정보를 노출할 것이다. 많은 클라이언트가 데이터베이스로부터 직접 객체를 생성하면, 이러한 코드들은 도메인 전체에 산재하게 된다. 이렇게 되면 도메인 모델은 위태로워진다. 이러한 형태의 설계에서는 도메인 모델도 도메인 개념 자체보다는 인프라스트럭처와 관련된 부분을 상세하게 다룰 수밖에 없다. 만약 이 상태에서 데이터베이스를 변경하기로 결정한다면 어떤 일이 발생할까? 여기저기 산재되어 있는 코드들을 새로운 저장소에 접근하도록 수정해야 할 것이다. 클라이언트가 데이터베이스에 직접 접근한다면, 집합 내부에 존재하는 객체를 복원해 낼 수도 있다. 그러면 집합에 대한 캡슐화가 깨지며, 결과적으로 예기치 못한 결과가 초래된다.

클라이언트는 이미 존재하는 도메인 객체의 참조를 얻을 수 있는 실용적인 방법이 필요하다. 만약 도메인 모델이 아닌 인프라스트럭처 레벨에서 도메인 객체의 참조를 쉽게 얻도록 만들 경우, 클라이언트 개발자는 도메인 객체에 인프라스트럭처에 대한 횡단 가능한 연관 관계를 더 많이 추가하여 모델을 혼란스럽게 만들 것이다. 또 한편으로, 개발자는 데이터베이스로부터 자신이 필요한 정보만을 직접 가져오거나, 집합의 root로부터 탐색하지 않고, 직접 필요한 객체를 가져오는 데 쿼리를 사용할 수도 있다. 도메인 로직은 쿼리문과 클라이언트 코드로 옮겨지고, 엔티티와 값 객체는 단순 데이터 컨테이너가 된다. 데이터베이스에 접근하는 대부분의 인프라스트럭처 적용 시 겪게 되는 기술적 복잡성들은 클라이언트 코드를 빠르게 파멸로 이끌어간다. 이로 인하여 개발자들은 도메인 레이어를 사용하기 쉽게 고쳐 쓰게 되고, 모델은 점점 그 가치를 잃어버린다. 결국 도메인에 집중함으로써 누릴 수 있는 전반적 효과는 사라지고 설계는 위태로워진다.

그러므로 객체의 참조를 얻는 로직을 캡슐화하기 위해 리파지토리를 사용하라. 이렇게 하면 도메인 객체가 도메인의 다른 객체의 참조를 얻고자 인프라스트럭처를 참조할 필요가 없어진다. 리파지토리를 통해서만 다른 객체를 참조할 수 있게 되며, 모델은 명확해지고 원래의 목적에 집중할 수 있다.

리파지토리는 몇몇 객체의 참조를 저장할 수도 있다. 객체가 생성되었을 때 리파지토리에 저장되고, 나중에 사용할 목적으로 거기서 조회된다. 만약 클라이언트가 리파지토리에 객체를 요청했는데 존재하지 않는다면, 저장소에서 가져올 수도 있다. 어느 경우든 리파지토리는 어디서나 접근할 수 있는 객체들의 저장소와 같은 역할을 한다.

리파지토리는 전략(Strategy)을 포함하기도 한다. 특정 저장 영역에 접근하거나 다른 곳에 접근할 때 특별한 전략을 따른다. 객체의 종

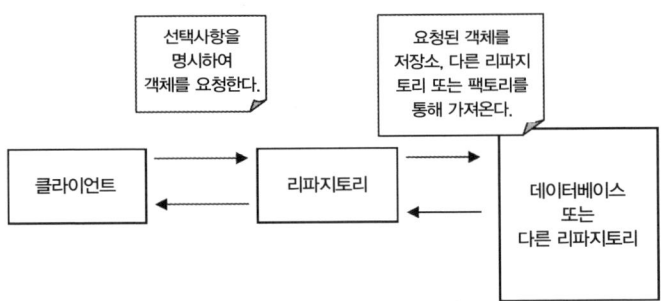

류에 따라 서로 다른 저장 영역을 사용하기도 한다. 도메인 모델이 객체의 저장이나 참조와 연관을 없애고 하부의 영속성을 보장하는 인프라스트럭처에 접근할 필요가 없도록 하는 것이 리파지토리의 전반적인 효과다.

전역 접근이 필요한 여러 유형의 객체의 경우, 해당 타입 객체가 메모리에 집합적으로 존재하는 것처럼 보이게 하는 객체를 생성하라. 그리고 널리 알려진 전역 인터페이스를 통해 여기에 접근이 가능하게 한다. 객체들을 추가하고 제거할 수 있는 메서드를 제공하라. 이 메서드는 데이터 저장소에 실제 데이터를 추가하고 삭제하는 행동을 수행하도록 캡슐화한다. 또한 특정 조건을 만족하는, 완전히 인스턴스화된 객체 또는 해당 조건을 만족하는 속성들을 지닌 객체들의 집합을 제공하는 메서드를 제공하라. 이를 통해 실제 스토리지와 쿼리를 위한 기술적 내용은 숨겨져야 한다. 직접 접근할 필요가 있는 집합 root에 대해서만 리파지토리를 제공한다. 클라이언트는 모델에만 집중하도록 하고 객체의 저장이나 접근과 관련된 내용은 리파지토리에 위임한다.

리파지토리는 인프라스트럭처에 접근하는 자세한 정보를 담고 있을 수는 있겠지만, 그 인터페이스는 단순해야 한다. 리파지토리는 객체를 조회하는 데 필요한 메서드의 집합을 가져야 한다. 클라이언트는 이러한 메서드를 호출하고, 하나 또는 여러 객체들을 조회하기 위한 조건으로 여러 개의 매개변수를 보낸다. 엔티티는 식별자를 보내 쉽게 구체화될 수도 있다. 다른 선택 조건은 객체 속성의 집합일수 있다. 리파지토리는 그 조건 집합에 비추어 모든 객체를 비교해 보고 조건을 만족하는 객체들을 반환한다. 리파지토리 인터페이스는 특정 타입에 해당하는 객체의 수를 반환하는 추가적인 메서드를 가지기도 한다.

   리파지토리는 인프라스트럭처의 구현과 매우 유사해지지만, 리파지토리 인터페이스 자체는 순수하게 도메인 모델이다.

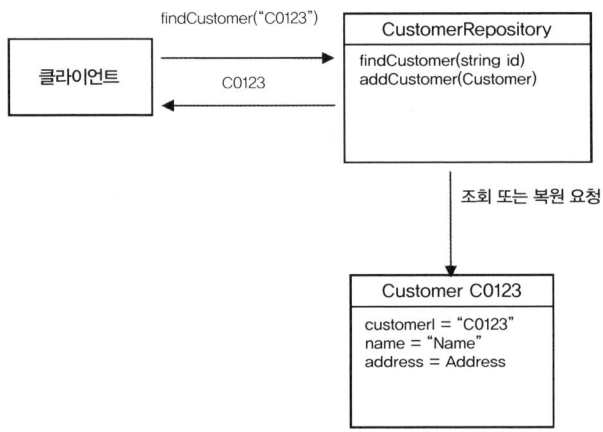

   또 다른 방법은 검색 조건을 명세(Specification)로 사용하여 명시하는 것이다. 명세 패턴을 사용하면 다음 예제처럼 좀 더 복잡한 검색 조건을 정의할 수 있다.

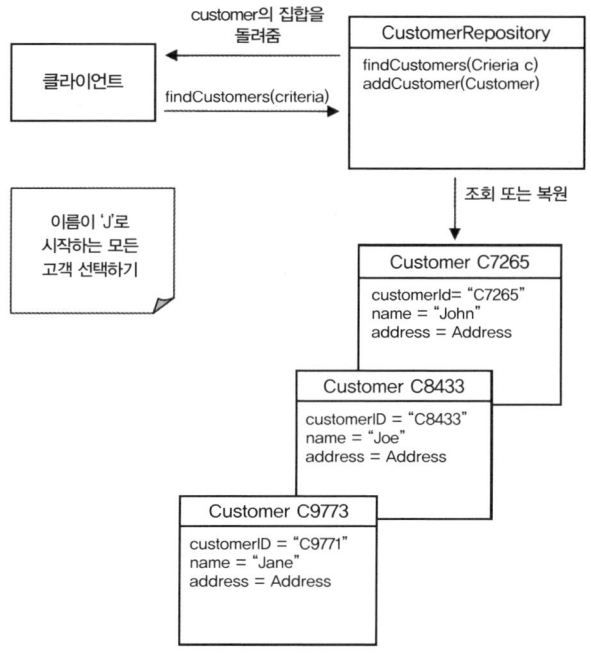

　　팩토리와 리파지토리 간에는 관련성이 존재한다. 둘은 모두 모델 중심 설계의 패턴이고, 도메인 객체의 생명주기를 관리하는 역할을 한다. 팩토리는 객체의 생성에 관여하는 반면에, 리파지토리는 이미 존재하는 객체들을 관리한다. 리파지토리는 자체적으로 객체를 캐싱하기도 할 테지만, 영속적인 스토리지에서 읽어 와야 하는 경우가 훨씬 더 많다. 객체는 생성자를 통해 생성되거나 생성을 위해 팩토리로 보내진다. 이렇듯, 리파지토리는 객체를 생성하기 때문에 팩토리처럼 보이기도 한다. 하지만 리파지토리는 아무것도 없는 상태에서 객체를 생성하는 것이 아니라, 존재했던 객체를 복원하는 것이다. 우리는 리파지토리를 팩토리와 혼용해서는 안 된다. 팩토리는 새로운 객체를 생성해야 하는 반면 리파지토리는 이미 생성되어 있는 객체를 검색해야 한다. 새로운 객체가 리파지토리에 추가되려면, 먼저 팩토리를 사용하여 만들어져야 하며, 아래 예제처럼 그 후에 이를 저장할 리파지토리로 전달되어야 한다.

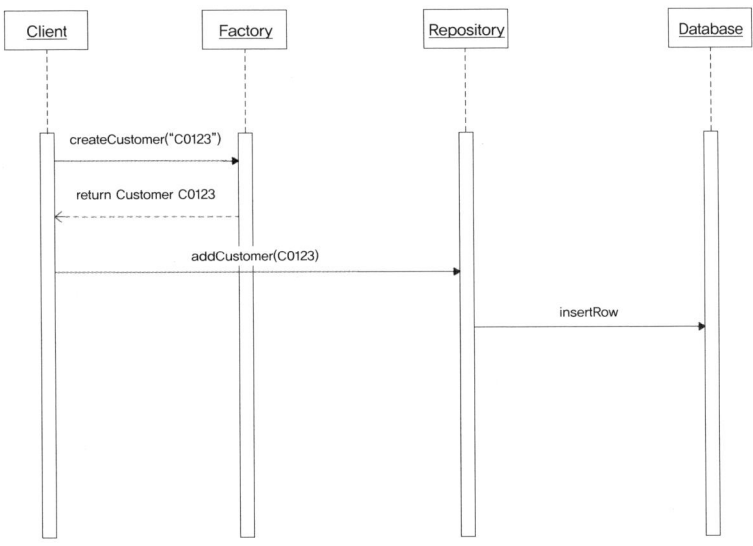

주목할 만한 또 다른 차이점은 factory가 '순수 도메인'인 반면, 리파지토리는 예를 들면 데이터베이스와 같은 인프라스트럭처와 이어지는 연결을 포함할 수 있다는 것이다.

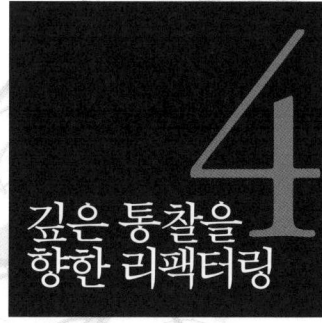

4 깊은 통찰을 향한 리팩터링

지속적인 리팩터링

우리는 지금까지 도메인과 이를 표현한 모델을 만드는 것이 얼마나 중요한지 이야기했다. 이를 통해 유용한 모델을 만드는 몇 가지 기술적인 지침들을 얻을 수 있었다. 모델은 자신의 바탕이 되는 도메인과 매우 밀접하게 관련되어 있어야 한다. 또한 우리는 모델을 중심으로 일어나야 하는 코드 설계에 대한 내용도 다루었고, 모델이란 설계 결정에 기반하여 개선되어야 한다는 점도 잘 알고 있다. 만약 모델 없이 설계한다면, 우리가 만든 소프트웨어는 지원해야 할 도메인에 전혀 부합하지 않을 것이다. 모델링을 수행하면서 설계자로부터 피드백을 받지 않거나 개발자와 함께 작업하지 않는다면, 모델을 구현해야 할 개발 당사자가 이해하기 어렵고, 사용된 기술에 전혀 부합하지 않은 모델을 만들게 된다.

설계와 개발 공정 동안에, 우리는 종종 작업을 멈추고, 코드를 살펴보아야 한다. 바로 리팩터링을 할 시간일지도 모른다. 리팩터링은 애플리케이션의 기능에 변화를 주지 않고 코드를 더 좋게 만들기 위해 재설계하는 절차다. 리팩터링은 대체로 작은 규모로, 제어 가능한 절차를 적용하면서, 기존에 정상적으로 동작하던 기능을 손상시키거나 새로운 버그를 추가하지 않도록 엄청나게 주의를 기울여 수행해야 한다. 결국, 리팩터링의 목적은 코드를 나쁘지 않게, 다시 말해 더 낫게 만드는 것이다. 이때, 자동화 테스트를 하면 수정 작업이 기존 기능의 어떤 것도 망치지 않았음을 확신할 수 있다.

코드 리팩터링에는 여러 가지 방법이 있다. 심지어 리팩터링과 관련된 패턴도 존재한다. 이 패턴은 리팩토링을 자동화할 수 있는 접근 방법을 제공한다. 개발자의 삶을 이전보다 훨씬 풍요롭게 만들어 줄 패턴을 바탕으로 한 도구들도 존재한다. 이러한 도구 없이 리팩터링을 하기는 매우 어렵다. 이러한 유형의 리팩터링은 코드와 그 품질과 관련이 있다.

도메인과 그 모델에 관련된 또 다른 유형의 리팩터링이 있다. 때로는 도메인에 대한 새로운 통찰이 생기고 어떤 것들은 점점 명확해지며, 둘 간의 관계가 발견되기도 한다. 이러한 것은 모두 리팩터링을 통해 설계에 반영되어야 한다. 읽고 이해하기 쉬우며 표현력이 풍부한 코드를 만들어 내는 것은 매우 중요하다. 코드를 읽어서 코드가 무슨 일을 하고 있고 왜 그래야 하는지 말할 수 있는데, 이러한 경우에만 코드가 진정한 모델의 실체를 표현한다.

패턴을 기반으로 하는 기술적인 리팩터링은 조직화되고 구조화된다. 그러나 깊은 통찰을 향한 리팩터링은 이러한 방식으로는 수행할 수 없다. 깊은 통찰을 얻기 위한 리팩터링을 수행 가능하도록 해주는 패턴이란 존재하지 않는다. 모델이 복잡하고 다양할수록 기계적인 방식으로 모델링을 수행하기란 불가능하다. 좋은 모델이란 깊은 생각과 통찰, 경험 그리고 천부적 재능의 결과이기 때문이다.

모델링에 대해서 우리가 제일 먼저 배운 것은 비즈니스 명세를 읽고 명사와 동사를 찾는 것이었다. 명사는 클래스로, 동사는 메서드로 변환된다. 이것은 심한 단순화이며 결국 편협한 모델만을 만들어낼 뿐이다. 모든 모델은 초기에는 깊이가 얕을 수밖에 없으나 모델이 점점 깊은 통찰을 가지도록 개선(refactor)해야 한다.

설계는 유연해야 한다. 유연하지 못한 설계는 리팩터링을 막는다. 유연성을 생각하지 않고 만들어진 코드로는 일해 나가기가 어렵다. 변경이 필요할 때마다 코드와 싸워야 하고, 이 코드를 개선하는 데 많은 시간을 소모할 것이기 때문이다.

검증된 기본 빌딩 블록과 안정성 있는 언어를 사용하면 개발 공수가 적정 수준만 투입되도록 보장할 수 있다. 그 위에 도메인 전문가의 미묘한 고민을 표현하고 실용적 설계를 끌어낼 수 있을 만한 예리한 모델을 작성하는 노력이 추가되어야 한다. 피상적인 것은 버리고 본질적인 것만 표현한 모델이 깊이 있는 모델이다. 이런 모델은 도메인 전문가의 생각과 일치되고 따라서 사용자의 필요에 더욱 반응적인 소프트웨어를 만들어 낼 수 있다.

전통적으로 리팩터링이란 기술적인 동기를 가지고 코드를 변경하는 것으로 정의되어 왔다. 하지만 리팩터링은 도메인에 대한 통찰이나, 모델이나 코드에 드러나는 표현을 이에 상응하게 정련하기 위해 수행할 수도 있다.

정교한 도메인 모델이란, 도메인 전문가와 이 도메인에 대해 관심 있는 개발자들이 밀접하게 엮인 조직이 반복적으로 리팩터링을 수행하지 않는다면 만들어질 수 없다.

핵심 개념 드러내기

리팩터링은 작은 단계로 나누어 진행되며, 그 결과 또한 작은 개선의 연속으로 나타난다. 수많은 작은 변경이 결국 설계에는 아주 미미한 가치를 제공하는 경우도 많고, 소규모의 변경이 큰 차이를 초래하는 경우도 있다. 후자가 바로 도약(Breakthrough)이다.

우리는 다듬어지지 않고 피상적인 모델에서부터 시작한다. 차차 이를 다듬어 나가고 도메인과 관련된 깊은 지식과 이해관계에 대한 더 나은 인식을 바탕으로 삼아 설계해 나간다. 우리는 새로운 개념과 추상화를 추가한다. 이제 설계는 개선(refactored)되었고, 개선은 각각 설계를 조금 더 명확하게 한다. 이로써 도약을 위한 전제가 만들어진다.

때때로 도약은 우리가 모델을 보는 방식이나 생각하는 방식을 바꾸기도 한다. 이것은 프로젝트에서 이루어지는 커다란 진보의 근원이 되는 동시에, 문제점도 지니고 있다. 도약은 아마도 대규모 리팩터링을 유발하기도 할 것이다. 다시 말해 우리가 한 번도 충분하게 확보하지 못했던 시간과 자원이 필요할 것이라는 의미다. 이러한 리팩터링은 또한 위험하기도 한데, 충분한 리팩터링 작업이란 애플리케이션의 행동에 변화를 초래할 수도 있기 때문이다.

도약에 도달하려면 암시적 개념을 명시적으로 만들 필요가 있다. 도메인 전문가와 이야기할 때 우리는 매우 많은 아이디어와 지식을 교환한다. 이러한 개념의 일부는 유비쿼터스 언어로 변환되지만 초기 단계에서 나머지 일부는 알려지지 않은 채로 남는다. 이런 개념은 암시적 개념들이고 모델에서 이미 사용되고 있는 다른 개념을 설명하는 데 사용된다. 설계 단계의 정제 프로세스 동안에 암시적 개념의 일부가 우리의 주의를 끈다. 이들 중 일부가 설계의 핵심 역할을 한다는 것을 발견할 테고, 이때 우리는 이 개념을 명시적인 것으로 끌어내야 한다. 암시적 개념을 표현하는 클래스 및 관계를 추가함으로써 말이다. 이러한 일이 발생할 때, 우리는 도약의 기회를 가진다.

 암시적 개념을 그대로 남겨두어서는 안 된다. 그것이 도메인 개념이라면 모델과 설계에 반영해야 한다. 그렇다면 어떻게 이 암시적 개념을 인지해 낼 수 있을까? 암시적 개념을 발견하는 첫 번째 방법은 언어를 주의 깊게 듣는 것이다. 모델링하고 설계하는 동안 우리가 사용하는 언어는 도메인에 대한 많은 정보를 내포하고 있다. 초기에는 정보가 그렇게 많지 않거나 일부 정보가 잘못되었을 수도 있다. 또 일부 개념을 확실하게 이해하지 못했거나 완전히 잘못 이해했을 수도 있다. 이러한 현상은 모두 새로운 도메인을 배워가는 과정이다. 그러나 우리는 모델에 쓸 유비쿼터스 언어를 만들었고, 핵심 개념이라면 이 언어 안에 적절한 위치가 존재한다. 그곳이 우리가 암시적 개념을 찾아야만 하는 부분이다.

 설계의 어떤 영역이 분명하지 않은 경우도 있다. 거기에는 이해하기 어려운 계산 경로를 만드는 일련의 관계들이 존재한다. 또는 프로시저들이 이해하기 매우 어려운 복잡한 작업을 수행한다. 이런 부분은 설계하는 데 다루기 힘들지만, 이 같은 프로시저는 숨겨진 개념을 살펴보기에 좋은 부분이기도 하다. 아마도 무엇인가가 누락되었을 것이다. 만약 퍼즐에서 핵심 개념이 누락되었다면 다른 무언가가 그 기능을 대신해야 한다. 이때 그 자리에 있을 필요가 없는 행위들을 어떤 객체에 추가하게 되어 그 객체를 비대하게 한다. 그러면 설계의 명료성이 떨어진다. 누락된 개념이 없는지 찾기 위해 노력하라. 만약 누락된 개념 하나를 발견한다면 이를 명시적으로 만들어라. 설계를 단순하고 유연하게 하기 위해 리팩터링하라.

지식 체계를 만들 때는 모순에 부딪히기도 한다. 도메인 전문가가 말하는 것이 다른 결정을 유지하는 데 배치되는 것처럼 보일 수 있다. 요구사항이 다른 요구사항과 상충되는 것 같기도 하다. 그러나 상충되는 것의 일부는 실제로는 상충이 아니며, 같은 사물을 바라보는 관점의 차이이거나 단순히 정확한 설명이 부족한 탓일 수 있다. 우리는 상충되는 것들을 조화시키는 시도를 해야 한다. 이러한 노력은 때때로 덜 중요한 개념을 도출시킨다. 만약에 그렇지 않다고 해도, 모든 것을 명확하게 하기 위해서 이러한 시도는 여전히 중요하다.

모델 개념을 발굴하는 명확한 방법이 또 있다. 해당 도메인의 문헌을 활용하는 것이다. 거의 모든 주제는 해당 도메인에 관해 쓰인 책이 있다. 이를테면 이 책에는 도메인에 대한 많은 지식이 담겨 있다. 하지만 여기에 담긴 지식은 처리하고 정제하고 다듬을 필요가 있는 상태다. 그렇다 해도 이 책들에 담긴 정보는 매우 가치 있어서,

도메인에 대해 깊이 있는 관점을 제공한다.

명시적인 것을 만들어 낼 때 유용한 추가 개념은 제약 조건 (constraint), 처리(process), 명세(specification)다. 제약 조건은 불변식 (invariant)을 표현하는 간단한 방법이다. 객체의 데이터에 무슨 일이 일어나든, 불변식은 지켜져야 한다. 불변식 로직을 제약 조건에 삽입하는 단순한 작업으로 이 불변식이 지켜지도록 보장할 수 있다. 다음은 간단한 예제다. 예제의 목적은 개념을 설명하기 위함이며, 유사한 경우에 권장하는 접근 방식을 표현한 것은 아니다.

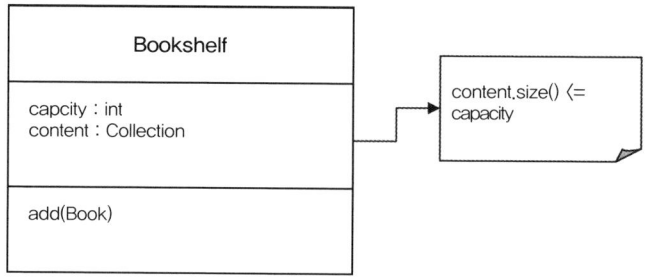

우리는 책꽂이에 책을 추가할 수 있지만 결코 용량 이상의 책을 올려놓아서는 안 된다. 이것은 다음 코드와 같이 선반의 행위의 일부처럼 보인다.

```
public class Bookshelf {
  private int capacity = 20;
  private Collection content;
  public void add(Book book) {
    if(content.size() + 1 <= capacity) {
      content.add(book);
    } else {
      throw new IllegalOperationException(
      "The bookshelf has reached its limit.")
    }
  }
}
```

우리는 제약 사항을 별도의 메서드로 분리하여 이 코드를 리팩터링할 수 있다.

```
public class Bookshelf {
  private int capacity = 20;
  private Collection content;
  public void add(Book book) {
    if(isSpaceAvailable()) {
      content.add(book);
    } else {
      throw new IllegalOperationException(
        "The bookshelf has reached its limit.");
    }
  }
  private boolean isSpaceAvailable() {
    return content.size() < capacity;
  }
}
```

제약 사항을 별도의 메서드로 분리하면 이 제약 사항이 명확해진다는 장점이 있다. 이렇게 하면 읽기 쉬울 뿐 아니라 add() 메서드가 이러한 제약 조건의 지배를 받는다는 것을 누구나 알 수 있게 된다.

그리고 제약 사항이 더욱 복잡해진다고 하더라도 추가 로직을 해당 메서드에 넣을 수 있는 여지가 생긴다.

프로세스들은 대개 절차적으로 코드에 표현된다. 그러나 우리는 객체지향 언어를 사용하기 때문에 절차적 접근을 사용하지 않는다. 따라서 우리는 프로세스에 쓸 객체를 선택하여 그 객체에 해당 행위를 추가할 필요가 있다. 프로세스를 구현하는 최고의 방법은 서비스(Service)를 이용하는 것이다. 만약 그 프로세스를 수행할 방법이 여럿이라면 전략 패턴을 사용하여 한 객체에 알고리즘으로 캡슐화하여 표현할 수 있다. 만약 모델의 유비쿼터스 언어가 처리 절차 각각에 대해 상세하게 언급하고 있다면, 그때가 명시적 구현을 시작할 때다.

개념을 명시화하는 마지막 방법은 우리가 여기에 명세(Specification)라고 언급한 바로 그것이다. 간단히 말해서, 명세란 객체가 특정 기준을 만족하는지 여부를 확인하는 목적으로 사용한다.

도메인 계층은 엔티티와 값 객체에 적용될 비즈니스 규칙을 담고 있다. 이러한 규칙들은 보통 적용되어야 할 객체에 포함되어 있다. 또한 대체로 누군가가 '예' 혹은 '아니오'로 답할 수 있는 질문들의 집합이다. 이러한 규칙들은 Boolean 값을 가지고 수행하여 결과 또한 Boolean 값인 연속된 논리 연산으로 표현된다. 특정 고객(Customer)이 어떤 신용도를 받을 만한지 점검하는 것이 하나의 예가 될 수 있다. 이 규칙은 isEligible()이라고 명명하고, Customer 객체에 포함될 것이다. 그러나 이 규칙이 절대적으로 Customer의 데이터만을 조작하는 단순한 메서드는 아니다. 고객의 신용도를 검증하고, 과거에 빚을 갚은 이력을 검토하고, 연체 금액이 있는지 등을 검증하는 것도 규칙이 하는 일이다. 비즈니스 규칙은 크고 복잡할 수 있는데, 이러한 경우 해당 객체가 원래 목적에 더 이상 부합하지 않을 만큼 확대되기도 한다. 도메인 계층에서 다루어야 하는 범위 이상으로 뻗어나간 것처럼 보이기 때문에, 이러한 시점에 해당 규칙을 애플리케이션 계층으로 옮겼으면 하는 유혹에 빠지게 된다. 사실은 그때가 리팩터링을 해야 할 때다.

비즈니스 규칙은 Customer의 명세가 되는 자체적인 객체 속에 캡슐화되어야 하며, 도메인 계층 내에 유지되어야 한다. 그 새로운 객체가 특정 Customer 객체의 신용 평가를 담당하는 여러 Boolean 메서드를 가질 수도 있는데, 각 메서드는 작은 테스트를 수행하는 역할을 하며 모든 메서드가 조합되어 질문에 대한 답을 제공한다. 만약 비즈니스 규칙이, 명세화된 하나의 객체 내에 구성되지 않는다면, 그 코드가 많은 객체로 퍼져나가 결국 일관성이 유지되지 않을 것이다.

명세는 객체가 어떠한 요구를 만족하였는지 또는 어떠한 목적에 비추어 준비가 되었는지 살펴보기 위해 객체를 테스트하는 용도로 사용된다. 그것은 또한 collection에서 특정 객체를 선정하거나 객체를 생성하는 조건을 선정하는 데에도 사용될 수 있다.

다음 예처럼 종종 한 명세는 단순한 규칙 하나를 만족하는지 여부를 체크하고, 이러한 단순한 명세들 여럿을 서로 조합하여 하나의 복잡한 규칙을 표현한다.

```
Customer customer =
customerRepository.findCustomer(customerIdentiy);
…
Specification customerEligibleForRefund = new
Specification(
    new CustomerPaidHisDebtsInThePast(),
    new CustomerHasNoOutstandingBalances());
if(customerEligibleForRefund.isSatisfiedBy(customer)
{
    refundService.issueRefundTo(customer);
}
```

간단한 규칙을 테스트하는 작업이 더 간단해졌으며, 이 코드를 읽어봄으로써 어떤 고객이 환불 받을 자격이 있는지 명확히 알 수 있다.

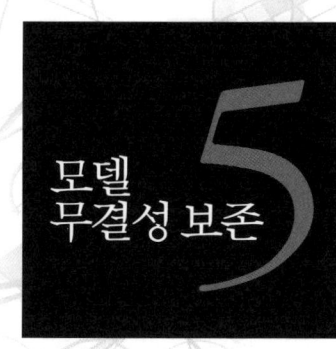

모델 무결성 보존 5

 이 장에서는 여러 팀의 공동 작업이 필요한 대규모 프로젝트를 다룬다. 서로 다른 관리와 협조 체계 아래에서 일하는 다수의 팀들이 하나의 프로젝트를 진행할 때 다양한 도전에 직면하게 된다. 기업 규모 프로젝트는 대체로 여러 가지 기술과 자원이 필요한 대규모 프로젝트다. 그러나 이런 유형의 프로젝트에서 수행할 설계도 도메인 모델에 기초하고 있으며 우리는 프로젝트의 성공을 보장할 수 있는 적절한 방안을 수립해야 할 필요가 있다.

 한 프로젝트에 여러 팀이 참여할 경우 각 팀이 모델의 특정 부분을 할당 받아 작업하는 형식으로 코드 개발을 병렬적으로 할 수 있다. 이 특정 부분들은 완전히 독립적이지는 않고, 어느 정도는 상호

연관된다. 부분들은 모두 하나의 커다란 모델에서 출발하며, 구현할 때 모델을 공유한다. 한 팀이 한 모듈을 구축했고, 다른 팀들이 해당 모듈을 사용할 수 있도록 했다고 가정하자. 어느 순간 다른 팀의 개발자가 해당 모듈을 사용하기 시작할 것이고, 자신의 모듈에 필요한 어떤 기능이 누락되었음을 발견할 수도 있다. 그는 새로운 기능을 추가하고 다른 사람도 모두 사용할 수 있도록 이를 check-in(형상관리 서버에 반영하는 행위)하게 된다. 아마 그는 이러한 행동으로 모델에 변화를 주었고 애플리케이션 시스템의 기능성을 망가뜨렸음을 알아차리지 못했을 것이다. 어떤 누구도 전체 모델을 완벽하게 이해하고 있지 못하기 때문에, 이런 일은 쉽게 발생할 수 있다. 누구나 그 자신만의 영역을 가지고 있으며 다른 분야에 대해서는 필요한 만큼 자세하게 알고 있지 못한다.

좋은 모델에서 출발하여 불일치가 많은 쪽으로 변질되기는 쉽다. 모델이 갖추어야 할 첫 번째 요건은 변하지 않는 용어와 모순 없는 일관성이다. 모델의 내부적 일관성을 통일성(unification)이라고 한다. 기업 규모 프로젝트에서는 기업 도메인 전체를 다루는, 모순이 없고 겹치지 않는 용어를 담은 하나의 모델을 가진다. 기업 규모의 통일된 모델이라는 것은 성취하기 어려운 이상적인 목표라서, 때로는 심지어 그러한 모델을 만들려고 시도하는 것조차도 무의미 할 수 있다. 이러한 프로젝트는 많은 팀의 화합된 노력이 필요하다. 팀들은 개발 기간 동안 매우 독립적일 필요도 있는데 설계에 대해 지속적으로 만나 의논할 시간이 없기 때문이다. 팀 간의 조율이란 매우 사기가 저하되는 작업이다. 개별 팀들은 서로 다른 부서와 관리 체계 하에 속하기도 한다. 이런 상황에서는 모델의 설계가 부분적으로만 독립적일 수밖에 없고 이때 우리는 모델의 무결성을 잃어버릴 가능성에 처한다. 기업 규모의 대형 프로젝트 전체를 커버하는 통합된 모델을 유지하기 위해 고군분투하면서 모델의 무결성을 지키려는 작업은 제대로 수행되기에는 너무 어려운 일이다. 해결 방법이 분명하지는 않은데, 지금까지 우리가 배워 왔던 것과 상반되기 때문이다. 새로운 접근법이 있는데, 결국에는 쪼개질 하나의 큰 모델을 유지하려고 노력하는 대신에, 의도적으로 이것을 여러 개의 모델로 분할하

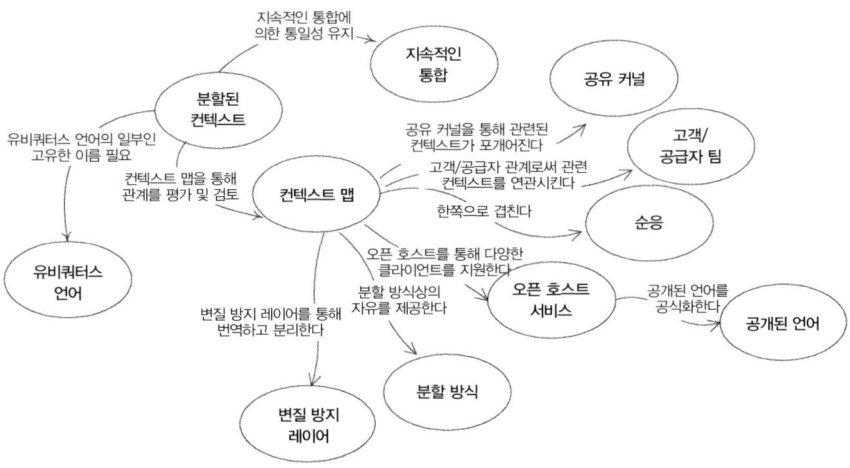

Chapter 5 ··· 모델 무결성 보존

는 것이다. 모델들은 각각 지켜야 하는 계약들을 준수하는 한 잘 통합될 것이다. 또한 각 모델들은 경계가 명확히 구분되어야 하고 모델들 간의 관계는 정밀하게 맺어져야 한다.

우리는 모델의 무결성을 유지하기 위한 기술의 집합을 109쪽 그림처럼 표현하는데, 이 그림은 이러한 기술과 그 관계를 보여준다.

분할된 컨텍스트

모델은 각각 컨텍스트가 하나씩 있다. 하나의 모델을 다룰 때 컨텍스트는 암묵적이며, 우리는 그 컨텍스트를 정의할 필요가 없다. 예를 들면 레거시 시스템처럼 다른 소프트웨어와 상호작용하는 애플리케이션을 만들 때, 새 시스템은 그 자신만의 모델과 컨텍스트를 가진다는 것이 명백하고, 이것은 레거시 시스템의 모델이나 컨텍스트와는 분리되어 있다. 이들은 서로 조립되거나 섞이거나 혼동될 수 없다. 그러나 대규모 기업 시스템을 개발할 때는 우리가 만들 각 모델에 대해서는 컨텍스트를 정의할 필요가 있다.

대규모 프로젝트 안에서는 여러 모델이 동작한다. 서로 다른 모델에 기반한 코드를 결합할 경우, 해당 소프트웨어는 결함투성이의 믿을 수 없고 이해하기 어려운 것이 되어 버린다. 그리고 팀 멤버들 간의 의사소통이 혼란스러워진다. 모델에 어떤 컨텍스트를 적용하면 안되는지를 결정하기가 명확하지 않은 경우가 자주 일어나게 된다.

　대규모 모델 하나를 작은 것으로 분할하는 데에는 어떠한 규칙도 존재하지 않는다. 상호 관련되어 있고 자연스러운 개념을 형성하는 요소를 하나의 모델에 넣도록 하라. '하나의 모델은 하나의 팀에 할당하기에 적합할 만큼 작아야 한다.' 팀 협조와 의사소통은 좀 더 부드럽고 완결된 수준으로 이루어져서 개발자들이 동일한 모델에서 작업하는 데 도움이 되어야 한다. 모델의 컨텍스트란 모델 안에서 사용된 용어들이 특정한 의미를 가지는 것을 보장할 수 있도록 적용되는 조건들의 집합이라고 할 수 있다.

　모델의 범위를 정의하는 작업의 기본 개념은, 모델의 범위를 정하고 컨텍스트 간의 경계를 설정한 다음 모델이 통합된 상태를 최대한 유지하도록 하는 것이다. 모델이 기업 프로젝트 전체 영역에 펼쳐져 있다면, 모델의 순수성을 유지하기가 매우 어렵다. 그러나 특정 영역에 국한되어 있다면 훨씬 쉽다. 명시적으로 모델에 적용할 수 있는 컨텍스트를 정의하라. 팀 조직 관점의 용어로 경계를 명시적으로 설정하라. 이것은 애플리케이션의 특정 부분으로 사용되거나 코드 기반이나 데이터베이스 스킴처럼 물리적으로 선언되는 것이어야 한다. 이러한 경계 내에서 모델을 엄격하게 유지하되, 밖에서 등장한 이슈에 의해 산만해지거나 혼동되지 않도록 하라.

분할된 컨텍스트는 모듈이 아니다. 분할된 컨텍스트는 발전하는 모델에 담길 논리적 프레임을 제공한다. 모듈들은 모델의 구성 요소들을 조직화하기 위해 사용된다. 따라서 분할된 컨텍스트란 모듈을 포함하는 개념이다.

서로 다른 팀들이 동일한 모델을 두고 일할 때에는, 다른 부분에 피해가 가지 않도록 주의해야 한다. 모델을 변경할 때 이것이 기존 기능을 깨뜨릴 수 있음을 끊임없이 인지해야만 한다. 그러나 여러 개로 분할된 모델을 사용한다면, 모든 사람은 자신들만의 조각을 가지고 자유롭게 일할 수 있다. 우리는 모두 자신이 맡은 분할된 모델의 한계를 알고 있고, 그 경계 안에 머문다. 그리고 오로지 모델의 순수성, 일관성 및 통일성을 지키기 위해 노력한다. 각각의 분할된 모델은 리팩터링 작업이 부작용 없이 더욱 수월하게 진행될 수 있도록 한다. 설계는 최고의 순수성을 가지기 위해 정제되고 증류될 수 있다.

여러 모델을 가지려면 그 대가를 치러야 한다. 우리는 서로 다른 모델 간의 경계와 관계를 정의할 필요가 있다. 그러려면 부가적인 작업을 하고 설계에 노력을 기울여야 하며, 서로 다른 모델끼리 얼마간 번역할 필요도 있다. 이렇게 하지 않으면 우리는 서로 다른 모델 간에 어떤 객체도 전송하기 어려울 것이며, 마치 경계가 없는 것처럼 자유롭게 행위를 호출할 수 없을 것이다. 그러나 이 작업이 아주 어렵지는 않으며, 이러한 문제를 감수할 만큼 가치가 있다.

예를 들어, 우리가 물건을 인터넷에서 판매하려는 전자상거래 애플리케이션을 개발하고 싶다고 하자. 이러한 애플리케이션은 고객을 회원으로 등록하고, 시스템은 신용카드 번호를 포함한 고객의 개인정보를 수집할 것이다. 이 정보는 관계형 데이터베이스에 유지될 것이다. 고객들은 로그인할 수 있고, 구매를 위해 사이트를 살펴볼 수 있으며, 주문할 것이다. 이 애플리케이션은 주문이 생길 때마다 이벤트를 발생시켜야 한다. 왜냐하면 요청된 제품에 대해 누군가는 메일을 보내야 하기 때문이다. 또한 보고서를 생성하는 인터페이스를 만들어서 가용한 상품들의 상태와 고객들이 어떤 제품의 구매에 관심이 있는지 또는 어떤 제품을 싫어하는지 등을 알고자 한다. 초기에 우리는 전자상거래 전체 도메인을 다루는 하나의 모델에서 출발한다. 최종적으로는 하나의 대규모 애플리케이션을 개발할 것이기 때문에 이렇게 출발하는 것이다. 그러나 우리가 그 작업을 한층 면밀히 고려한다면 인터넷 쇼핑몰 애플리케이션이 리포팅(보고서)이라고 하는 애플리케이션과 연관되어 있지 않음을 발견하게 된다. 애플리케이션들은 분리된 여러 가지 관심사를 가지고 있으며, 서로 다른 개념으로 동작하며, 심지어 서로 다른 기술을 적용해야 할 수 있다. 정말로 공통적인 것 단 한 가지는 고객 데이터와 구매 데이터가 데이터베이스에 저장되고 애플리케이션에서 이 두 가지 데이터에 모두 접근한다는 것이다.

권할 만한 방법은 전자상거래 전반과 리포팅 작업이라는 각 도메인을 위한 분리된 모델을 만드는 것이다. 두 모델은 자유롭게 각자의 고민에 집중할 수 있고, 결국 별도의 애플리케이션이 될 것이다. 리포팅 응용 시스템은 전자상거래 애플리케이션이 데이터베이스에 저장해 둔 특정 자료가 필요하기도 하다. 만약 그렇지 않았다면 두 애플리케이션은 독립적으로 성장할 수 있을 것이다.

메시징 시스템은 구매 주문이 발생했음을 창고 직원에게 알려야 한다. 그래야 창고 직원은 물품을 구매하는 메일을 보낼 것이다. 배송 담당 직원은 제품 구매 기본 정보 및 구매 수량, 고객의 주소, 배송 요구사항의 상세 정보를 얻고자 애플리케이션을 사용할 것이다. E-shop 모델이 양쪽 도메인의 활동을 모두 다루어야 할 필요는 없다. E-shop 애플리케이션이 구매 정보를 포함하는 값 객체를 창고 쪽으로 비동기식 메시징을 사용하여 보내는 방법이 훨씬 단순하다. 두 모델을 분리하여 개발할 수 있다는 것은 확실하다. 우리는 단지 일이 잘 수행되도록 그들 사이의 인터페이스를 확실히 하기만 하면 되는 것이다.

지속적인 통합

한번 분할된 컨텍스트가 정의되고 나면 우리는 이것을 건강한 상태로 유지시켜야 한다. 여러 사람들이 동일한 컨텍스트 안에서 일하고 있을 때, 모델이 단편화될 경향은 매우 높아진다. 큰 팀일수록 더 큰 문제가 생기지만 서너 명의 사람이라도 심각한 문제에 직면할 수 있다. 그렇다고 하나의 시스템을 너무 작은 규모의 여러 컨텍스트로 분할하는 것은 결과적으로는 통합과 응집성의 가치가 보장되는 적절한 수준을 지나쳐 버리는 일일 수 있으므로 주의해야 한다.

하나의 팀이 분할된 컨텍스트에서 일할 때조차도, 에러의 소지가 있다. 우리는 모델의 각 구성 요소들이 어떠한 역할을 수행하는지 확실히 이해하기 위해 팀 내에서 서로 의사소통할 필요가 있다. 만약 어떤 사람이 객체들 간의 관계를 이해하지 못한다면 그들은 원래 의도와 모순되는 방향으로 코드를 수정할지도 모른다. 모델의 순수성에 100% 집중하여 유지하지 못할 때, 이러한 실수가 발생하기 매우 쉽다. 팀 멤버가 모르고 존재하는 코드를 중복해서 추가할 수 있으며, 만들어진 기능을 깨뜨릴까 두려운 마음에 기존 코드를 수정하지 않고 유사한 내용을 추가할 수도 있다.

모델은 초기부터 충분하게 정의될 수 없다. 모델은 생성되고 나면 개발 프로세스 동안 도메인에 대한 새로운 이해를 바탕으로 끊임없이 피드백을 받는다. 이것은 새로운 개념이 모델에 추가되거나 새로운 구성 요소가 코드에 추가될 수 있음을 의미한다. 이런 유형의 모든 필요는 단일 모델로 통합되어야 하고 그에 맞게 코드로 구현되어야 한다. 이것이 지속적인 통합이 왜 분할된 컨텍스트 안에서 꼭 필요한 프로세스인지 하는 질문에 대한 대답이다. 우리는 모든 새로운 구성 요소가 기존 모델에 조화롭게 추가 적용되고, 코드로 올바르게 구현되도록 보장할 수 있는 통합된 프로세스가 필요하다. 우리는 코드를 통합하는 데 사용할 수 있는 절차가 필요하다. 코드는 일찍 통합될수록 좋다. 하나의 소규모 팀에는 일일 단위의 통합을 권장한다. 또한 빌드 프로세스도 마련해야 한다. 통합된 코드는 테스트할 수 있도록 자동으로 빌드되어야 한다. 또 다른 필수 요구사항은 자동화된 테스트다. 만약 팀에 테스트 도구가 있고 테스트 수트를 만들었다면 그 테스트는 각각의 빌드에 의해 수행되고, 어떠한 에러든 표시될 것이다. 에러가 조기에 보고되고, 통합하고 빌드하고 테스트하는 절차를 다시 수행하기 때문에 보고된 에러를 고치기 위해 코드를 수정하는 것은 쉬울 것이다.

지속적인 통합이란 모델에 존재하는 개념 통합에 기반하고 있으므로, 테스트를 통해 검증될 수 있도록 이 모델을 구현할 방법을 찾아야 한다. 모델에서의 어떠한 불일치도 구현할 때 오점을 남기게 된다. 지속적인 통합은 분할된 컨텍스트에 적용되며, 이웃하는 컨텍스트 간의 관계를 다루자고 사용한 것은 아니다.

컨텍스트 맵

기업 규모 애플리케이션은 다수의 모델을 가지며 각 모델은 고유의 분할된 컨텍스트를 가진다. 이러한 컨텍스트는 팀 구조를 잡는 기초로 사용하기에 유용하다. 같은 팀에 속한 사람들은 좀 더 쉽게 의사소통할 수 있고 모델과 구현을 통합하는 일을 더 잘할 수 있다. 각 팀이 각자의 모델에서 일하는 동안에는, 각자 모델의 전체 개요에 대한 이미지를 잡기가 편하다. 컨텍스트 맵은 서로 다른 분할된 컨텍스트들과 그들의 관계에 대한 개요를 표현한 문서다. 컨텍스트 맵은 아래 다이어그램처럼 표현하거나 어떠한 형태의 문서로 쓰일 수

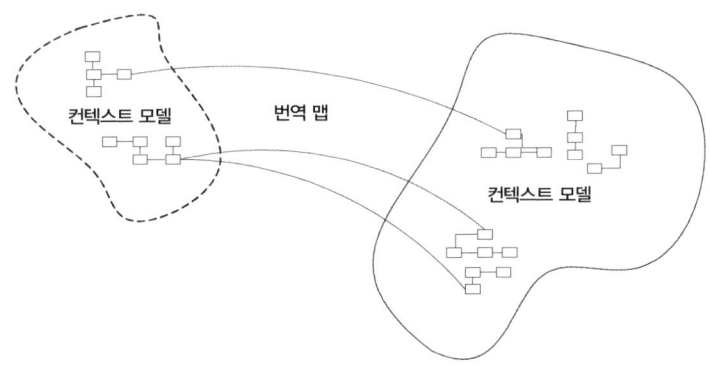

있다. 각 경우의 상세화 수준은 매우 다를 것이다. 중요한 것은 프로젝트의 모든 사람이 컨텍스트 맵을 공유하고 이해하는 것이다.

개별적으로 통합된 여러 개의 분리된 모델을 가지고 있는 것으로는 충분하지 않다. 각 모델의 기능은 전체 시스템의 일부일 뿐이기 때문에 반드시 통합되어야 한다. 결국 개별 조각은 함께 조립되어서 전체 시스템이 적절하게 동작하는 것이다. 각 컨텍스트가 명확하게 정의되지 않았다면 서로 중복되었을 확률이 높다. 만약 컨텍스트 간 관계의 윤곽이 잡혀 있지 않다면 시스템을 통합할 때 동작하지 않을 확률도 높아진다.

각각의 분할된 컨텍스트는 유비쿼터스 언어의 일부인 고유한 이름이 있어야 한다. 이것은 시스템 전체에 대해 논의할 때 팀끼리 의사소통을 매우 원활하게 한다. 모든 사람은 각 컨텍스트의 범위와 컨텍스트와 코드의 매핑 상태를 알고 있어야 한다. 일반적 사례는 컨텍스트를 정의하고, 그 이후 각 컨텍스트에 필요한 모듈을 개발하며, 명명 규칙을 사용해서 각 모델이 속한 컨텍스트를 가리키는 것이다.

이어지는 섹션에서는 우리는 서로 다른 컨텍스트의 상호작용에 관해 이야기한다. 우리는 컨텍스트 맵을 만드는 데 사용할 수 있는 패턴들을 살펴볼 것이다. 패턴을 사용하면 컨텍스트 맵에서 컨텍스트가 명확한 역할을 가지고 자신들의 관계를 설명할 수 있다. 공유 커널(Shared Kernel)과 고객-공급자 패턴은 컨텍스트 간의 상호작용의 수준이 높을 때 사용된다. 분할 방식(Separate Ways)은 독립성을 높이고 관계를 분리하고 싶을 때 사용할 수 있는 패턴이다. 시스템과 레거시 시스템 또는 외부의 어떤 것과의 상호작용을 다루는 두 가지 패턴이 더 있는데, 그것은 오픈 호스트 서비스(Open Host Services)와 변질 방지(Anticorruption) 레이어다.

공유 커널

기능적 통합이 한계에 다다랐을 때, 지속적으로 통합하려는 오버헤드가 너무 크게 느껴질 수 있다. 지속적 통합을 수행할 기술이나 정치적 조직이 없거나, 하나의 팀이 너무 커서 통제하기 힘들 때는 정말 그렇다. 따라서 별도로 분할된 컨텍스트를 기반으로 팀을 여럿으로 나눠 조직을 꾸리는 것이다.

애플리케이션에서 서로 밀접하게 관련되어 있지만 협조가 잘 되지 않는 팀은 한동안은 앞으로 달려 나갈 수 있을 테지만, 결과물들이 서로 잘 들어맞지 않을 것이다. 그들은 지속적인 통합을 먼저하기보다는, 번역을 담당할 계층을 만들고 새로 무언가를 창작해서 넣는 일에 시간을 소비하는 상황에 처할 것이며, 그 와중에 노력을 중복으로 투입하게 되고 공통 유비쿼터스 언어의 장점을 잃어버릴 것이다.

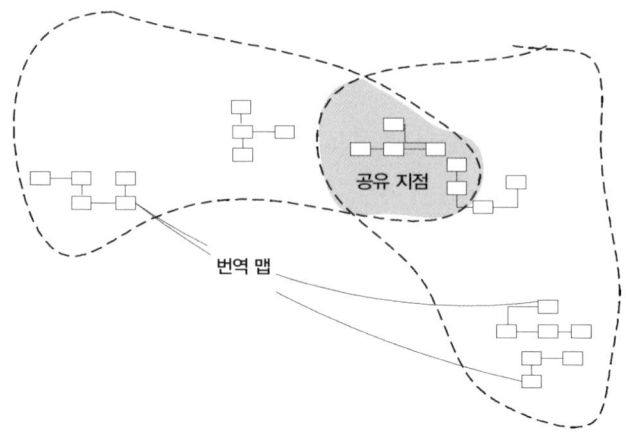

그러므로 도메인 모델의 일부는 두 팀이 공유해야 하는 부분으로 나타내야 한다. 물론 여기에는 모델의 부분뿐만 아니라, 그 부분과 관련된 코드 및 데이터베이스 설계의 일부도 함께 포함된다. 다시 말해 이처럼 명시적으로 공유된 부분은 특별한 상태를 지니며, 다른 팀과 협의하지 않고 변경해서는 안 되는 공유된 요소가 되는 것이다.

기능 시스템을 자주 통합해야 하지만, 팀 내의 지속적 통합의 빈도보다는 덜 하도록 한다. 이렇게 통합하는 도중에 양쪽 팀의 테스트가 수행되어야 한다.

공유 커널의 목적은 중복을 줄이는 것이지만 여전히 분할된 두 컨텍스트가 유지되어야 한다. 공유 커널에서 개발하는 일은 크게 주의해야 한다. 양쪽 팀은 커널의 코드를 수정할 수 있고 그 변경 결과를 다시 통합해야 한다. 만약 그 팀이 분리된 커널 코드의 복사본을 사용하고 있다면 가급적 자주 (적어도 일주일에 한 번은) 그 코드를 통합해야 한다. 커널에 대한 모든 변경 사항이 제대로 테스트 될 수 있도록 테스트 수트를 마련해야 한다. 커널에 대한 어떠한 변경이든지 상대 팀과 의사소통해야 하며 새로운 기능을 인식할 수 있도록 정보를 알려야 한다.

고객-공급자

두 서브시스템 한쪽이 다른 한쪽에 완전히 의존하는 식의 특별한 관계를 맺는 경우가 있다. 두 서브시스템의 컨텍스트는 별도로 존재하고, 한쪽의 처리 결과는 다른 쪽에 반영된다. 그들에게는 공유 커널이 없다. 왜냐하면 하나를 갖는 것이 개념적으로 맞지 않거나, 두 서브시스템이 공유된 공통 코드를 가지는 것이 심지어 기술적으로도 가능하지 않기 때문이다. 이러한 경우 두 서브시스템은 고객-공급자 관계를 갖는다.

이전의 예제로 돌아가 보자. 우리는 리포팅과 메시징을 포함하는 전자상거래 애플리케이션 예를 다뤘다. 우리는 이미 이 컨텍스트에는 분리된 모델을 만드는 편이 훨씬 좋다고 말했었다. 왜냐하면 하나의 모델을 만들면 이 모델은 수시로 병목이 되고 개발 공정에서 논쟁의 근원이 될 것이기 때문이다. 별도의 모델로 진행하는 데 동의했다고 가정할 때, 웹 쇼핑 시스템과 리포팅 시스템 간의 관계는 무엇이어야 할까? 공유 커널이 옳은 결정은 아닌 것 같다. 서로 다른 서브시스템은 대체로 다른 구현 기술을 사용하여 개발하기 때문이다. 하나는 순수하게 브라우저 기반의 화면인 반면 다른 쪽은 rich GUI 애플리케이션일 수 있다. 만약 리포팅 애플리케이션이 웹 인터페이스를 사용하여 만들어졌다 치더라도 각 모델은 기본 개념 자체가 서로 다르다. 둘 간에 일부 중복이 존재하기도 할 테지만 공유 커널로 정의하기에는 충분하지 않다. 그래서 우리는 다른 방법을 택하기로 한다. 또 하나의 중요한 사실은 e-shopping 서브시스템은 리포팅 시스템에 의존하지 않는다는 것이다. E-shopping 애플리케이션의 사용자들은 상품을 구매하기 위해 둘러보는 웹 고객들이다. 모든 고객, 상품, 구매 데이터는 데이터베이스에 존재한다. 그뿐이다. e-shopping 애플리케이션은 관련 데이터 상에서 어떤 일이 일어나는지에 별로 관심이 없다. 반면 리포팅 애플리케이션은 e-shopping 애플리케이션에 의해 저장된 데이터에 관심이 매우 많고 이 데이터를 사용한다. 또한 리포팅 서비스를 처리하려면 e-shopping 애플리케이션이 제공할 수 있는 부수적인 정보도 일부 필요하다. 예를 들어 고객들은 장바구니에 몇몇 상품을 넣을 것이고, 나가기 전에 그것을 구매할 것이다. 구매 고객들은 다른 사람들보다 몇몇 상품 링크를 더 방문할 것이다. 이러한 정보는 e-shopping 시스템에게는 의미가 없으나 리포팅 입장에서는 매우 큰 의미를 지닌다. 따라서 공급자 서브시스템(e-shopping 시스템)은 소비자 시스템(리포팅 시스템)에게 필요한 어떤 명세를 구현해야만 한다. 이것이 두 서브시스템 연결의 한 유형이다.

다른 요구사항은 사용하는 데이터베이스, 엄밀히 말해 그것의 스키마와 관련되어 있다. 양쪽 애플리케이션이 동일한 데이터베이스를 사용하도록 할 것이다. 만약 e-shopping 서브시스템이 데이터베이스에 접근하는 유일한 시스템이라면 데이터베이스의 스키마는 언제든지 그 요구사항을 반영하여 바뀔 수 있을 것이다. 그러나 리포팅 서브시스템도 동일한 데이터베이스에 접근해야 하기 때문에 데이터베이스 스키마는 어느 정도 안정성을 가져야만 한다. 데이터베이스 스키마가 개발 공정 동안에 바뀌지 않는 일은 상상하기 어렵다. 이것이 e-shopping 애플리케이션에서는 문제가 아니지만, 리포팅 시스템의 문제가 될 수는 있다. 두 팀은 의사소통할 필요가 있어서, 아마도 데이터베이스에 대해 함께 일해야 하며, 변경을 적용할 시점을 결정할 것이다. 그리고 이것은 리포팅 서브시스템에 있어서는 한계점으로 작용한다. 왜냐하면 리포팅 팀은 e-shopping 애플리케이션을 기다리기보다는 변경 사항을 즉시 반영하고 개발을 진행하는 쪽을 선호할 것이기 때문이다. 만약 e-shopping 팀에게 거부권이 있다면 그들은 데이터베이스를 변경하는 데 제한을 줄 수 있는 제도를 도입하여 리포팅 팀의 활동에 손해를 입힐지도 모른다. 또한 반대로 e-shopping 팀이 독립적으로 행동할 수 있다면 그들은 조만간 합의를 어기고, 리포팅 팀이 준비되지 않은 상태에서 어떤 변경을 가해 버릴 수도 있다. 따라서 두 팀이 고객-공급자로 상호작용하는 이러한 패턴은 두 팀이 단일 관리 체계 하에 있을 때는 잘 동작할 수 있다. 그러면 의사결정 절차가 쉬워지고 화합을 이끌 수 있다.

이러한 시나리오에 맞닥뜨릴 때, 우리는 역할극을 시작해야 한다. 리포팅 팀은 고객 역할을 해야 하고 e-shopping 팀은 공급자의 역할을 해야 한다. 그 두 팀은 정기적으로 또는 요구에 따라 만나야 하고 고객과 공급자인 것처럼 대화해야 한다. 고객 팀은 요구사항을 표현하고 공급자 팀은 그에 따른 계획을 제공한다. 모든 고객 팀의 요구사항이 종국에는 반영되어야 하지만 이것을 수행하는 시간 계획표는 공급자 팀이 결정할 수 있어야 한다. 만약 어떤 요구사항들이 매우 중요하다고 생각된다면 그것들은 조속히 구현되어야 하고 다른 것들은 연기될 수 있다. 고객 팀은 공급자 팀과 함께 공유된 입력 정보와 지식이 필요할 것이다. 이러한 절차는 한 방향으로 흐를 테지만, 어떤 경우에는 꼭 필요한 절차다.

두 개의 서브시스템의 인터페이스는 정교하게 정의되어야 한다. 순응적(conformity) 테스트 수트가 만들어져야 하고 인터페이스 요구사항이 준수될 때마다 언제든 테스트되어야 한다. 그 공급자 팀은 전적으로 자신들의 설계를 바탕에 두고 일할 수 있을 것이다. 왜냐하면 인터페이스 테스트 수트가 존재해서 문제가 발생할 때마다 안전 그물망과도 같은 역할을 해주기 때문이다.

두 팀 간에 명확한 고객-공급자 관계를 구축하고, 계획 단계에서 고객팀은 공급자팀에 대해서 고객 역할을 수행하라. 고객의 요구사항을 위한 협상과 예산 수립 업무를 진행하여, 모든 사람이 이해할 수 있는 합의점과 일정을 도출하라.

인터페이스가 예상대로 동작하는지 확인할 수 있는 자동화된 인수 테스트를 함께 개발해야 한다. 이 테스트를 공급자 팀의 테스트 수트에 추가하고 지속적 통합의 일부가 되도록 유지한다. 이러한 테스팅으로 인해 공급자 팀이 고객 팀의 애플리케이션을 변경할 때 부작용에 대한 두려움 없이 작업할 수 있다.

순응

고객-공급자 관계는 양쪽 팀이 관계에 관심 있을 때 성공할 수 있다. 고객은 공급자에 대해 매우 의존적인 반면 공급자는 그렇지 않다. 만약 전체를 진행하는 관리 주체가 존재한다면 공급자가 필요한 주의를 기울이고 고객의 요구사항을 듣게 만들 수 있다. 하지만 만약 관리 체계가 두 팀 사이에 무엇이 존재하는지 명확하게 결정하지 못하거나 관리 수준이 낮거나 아예 관리하지 못하는 경우에는 공급자는 모델과 설계에 대해 관심을 더디게 가지게 되고 고객을 돕는 데 관심을 덜 쏟을 것이다. 공급자에게도 결국 그 나름대로 데드라인이 있기 때문이다. 만약 공급자 팀원들이 매우 착한 사람들이어서 다른 팀을 도와주고자 한다고 할지라도 시간의 압박은 존재하게 마련이고 결국 고객은 공급자의 무관심이나 일정 지연으로 고생할 것이다. 이러한 상황은 팀이 서로 다른 회사 소속인 경우에는 더욱 자주 일어날 수 있다. 회사가 다른 팀 간의 의사소통은 더욱 어렵고 공급자의 회사는 이러한 관계에 많은 투자를 하는 데 전혀 관심이 없을 것이기 때문이다. 그들은 산발적 도움을 주거나 아니면 단순하게 전혀 협조하지 않기로 결정할 수도 있다. 그 결과 고객 팀 스스로가 자신의 모델과 그 설계에 최선을 다해야 한다.

  두 개발 팀이 고객-공급자 관계에 있고 공급자 팀이 고객 팀의 요구를 만족시키고자 일할 동기가 없는 상황에서 고객 팀은 무기력해질 수밖에 없다. 이타심에 의해 동기 부여된 공급자 팀의 개발자들이 약속을 할 수는 있다. 그러나 약속을 이행하지 못할 확률이 높다. 선한 의도에 대한 믿음으로 고객 팀은 결코 가능하지 않은 특성(feature)* 기반의 계획을 수립할 것이다. 그러나 결국 고객의 프로젝트는 그 팀이 주어진 현실을 직시하고 거기에 맞추어 살아가는 방법을 배울 때까지 지연될 뿐인 것이다. 고객 팀의 요구에 맞게 조정된 인터페이스는 공급자의 게임 카드에 처음부터 포함되어 있지 않은 것이다.

고객 팀에게는 선택의 여지가 별로 없다. 가장 확실한 것은 공급자로부터 분리된 그들만의 소유로, 모든 필요한 것을 만드는 방법이다. 우리는 분할 방식이라는 패턴에서 이 모습을 보게 될 것이다. 때때로 공급자 서브시스템으로부터 제공되는 이익이 문제를 안고 갈 만큼 가치 있지는 않을 경우가 있다. 공급자 모델을 아예 고려하지 않고 별도의 모델을 만들고 설계하는 편이 차라리 좀 더 손쉬울 수 있다는 말이다. 그러나 이것이 언제나 옳은 해답은 아니다.

때때로 공급자 모델이 가치 있어서 관계가 유지되어야 하는 경우도 있다. 그러나 이 때도 공급자 팀이 고객 팀을 돕지 않을 여지가 있기 때문에 공급자 팀이 모델을 변경할 때 자신을 보호하기 위한 대책을 준비하고 있어야 한다. 고객 팀은 두 컨텍스트를 연결하기 위한 번역 계층을 구현해야 할 것이다. 또 공급자 팀의 모델이 사용하기 매우 불편한 상태일 수 있다. 고객 컨텍스트는 여전히 공급자의 모델을 사용할 수 있지만, 뒤에 논의될 변질 방지 레이어를 사용하여

---

* (옮긴이) Feature Driven Development 등에서 사용되는 용어로 시나리오 형태로 표현되는 시스템이 가져야 하는 일정 크기 이상의 특성, 즉 일종의 요구사항을 말한다.

자기 자신을 보호해야 한다.

만약 고객이 공급자 팀의 모델을 사용해야만 하고, 그것이 잘 된 모델이라면 이것이 순응(conformity)을 위한 경우이다. 고객 팀은 공급자 팀의 모델에 밀착되어 그것을 전적으로 따르면 된다. 이것은 공유 커널과 매우 유사하지만 중요한 차이가 있다. 고객 팀은 커널에 변경을 가할 수 없다는 점이다. 고객은 자기 모델의 일부로 받아들여 단지 사용만 하고, 제공된 기존 코드 위에 빌드해 나갈 뿐이다. 이러한 해결 방법은 의외로 적용 가능한 경우가 많다. 어떤 사람이 기능이 풍부한 컴포넌트를 제공하고 여기에 쓸 만한 인터페이스를 제공할 때, 우리는 그 컴포넌트를 우리 자신이 만든 것인 양 다루면서 해당 컴포넌트가 담긴 모델을 만들어 나갈 수 있다. 만약 그 컴포넌트가 작은 인터페이스를 지닌다면 간단히 이 인터페이스를 위한 어댑터를 만들 수도 있고 우리 모델과 컴포넌트 모델 사이에 번역을 할 수도 있다. 그러면 우리 모델을 분리시켜 자유도가 높게 개발할 수 있다.

변질 방지 레이어

우리는 종종 레거시 소프트웨어나 분리된 애플리케이션과 상호작용이 필요한 애플리케이션을 만들어야 하는 상황에 직면한다. 이것은 도메인 모델러에게는 또 하나의 도전이다. 많은 레거시 애플리케이션들이 도메인 모델링 기법을 이용해서 만들어지지 않았을 뿐 아니라 레거시 애플리케이션의 모델이란 것은 매우 혼란스러워서, 이 모델을 이해해서 이용해 가면서 일하기가 쉽지 않다. 심지어 그 모델이 잘 만들어졌다 치더라도 레거시 애플리케이션 모델은 우리 시스템 개발에는 유용하지 않다. 그 이유는 의사소통을 통해 개념을 확립한 우리의 도메인 주도 모델은 기존 모델과는 접근 방식부터 다르기 때문이다. 그럼에도 불구하고, 오래된 애플리케이션을 사용하는 것이 요구사항의 하나이기 때문에 우리의 모델과 레거시 모델은 서로 일정 수준으로 통합해야 한다.

우리의 고객 시스템이 외부 시스템과 상호작용하는 데는 여러 가지 방법이 있다. 하나는 네트워크 연결을 통하는 것이다. 그러려면 양쪽 애플리케이션이 동일한 네트워크 통신 프로토콜을 사용하고, 클라이언트는 외부 시스템을 사용하기 위해서 해당 인터페이스에 밀착되어야 한다. 또 다른 상호작용 방법은 데이터베이스다. 외부 시스템은 데이터베이스에 저장된 데이터를 가지고 동작한다. 클라이언트 시스템도 동일한 데이터베이스를 사용해야 한다. 네트워크와 데이터베이스를 사용하는 두 가지 경우 모두, 시스템끼리 전송하는 원시 데이터를 다룬다. 이러한 방법은 일견 매우 단순해 보일 수 있지만, 사실 원시 데이터는 모델에 대한 어떠한 정보도 담고 있지 않다는 맹점이 있다. 우리는 데이터베이스로부터 (의미 있는 구조를 포함하고 있는) 데이터를 가져올 수 없고 단순히 원시 데이터 형태로 다루어야 한다. 원시 데이터의 이면에 많은 시맨틱이 숨어 있는 것이다. 관계형 데이터베이스는 다른 원시 데이터와 관계를 맺고 있는 원시 데이터를 포함하고 있고, 복잡한 관계망을 형성한다. 데이터 시맨틱은 매우 중요해서 잘 고려해야 한다. 클라이언트 애플리케이션은 사용된 각 데이터의 진정한 의미를 이해하지 않고서는 데이터베이스에 올바르게 접근할 수 없고, 기록할 수도 없기 때문이다. 우리는 외부 모델의 일부분을 데이터베이스에 반영하고, 외부의 방식을 우리의 모델에 적용해야 한다.

외부 모델이 클라이언트 모델을 변경하도록 허용하면 리스크가 발생한다. 우리는 외부 모델과 우리 모델의 관계를 무시할 수 없지만 우리 자신의 모델이 외부 모델로부터 독립되도록 주의해야만 한다. 따라서 우리의 클라이언트 모델과 외부 모델 사이에 존재할 변질 방지(Anticorruption) 레이어를 만드는 것이 좋다. 우리 모델의 관점에서 변질 방지 레이어는 자연스러운 모델의 한 부분을 형성하며 이질적인 무엇이 아니다. 이 레이어는 우리 모델과 유사한 개념을 가지고 유사한 동작을 수행한다. 그러나 변질 방지 레이어는 외부 모델에게 클라이언트 언어가 아닌 외부 언어로 말한다. 이 레이어는 두 개의 서로 다른 도메인과 언어 간에 양방향 번역자의 역할을 한다. 가장 큰 장점은 클라이언트 모델이 외부로부터 영향 받는 오염 없이 순수하고 일관된 상태로 남는다는 점이다.

그렇다면 어떻게 변질 방지 레이어를 구현해야 할까? 아주 좋은 해결안은 이 레이어를 클라이언트 모델 관점에서의 서비스의 하나로 보는 것이다. 이 서비스의 사용 방법은 매우 단순하다. 왜냐하면 이 서비스로 인해 다른 시스템을 추상화하고 그것을 우리 자신의 언어로 사용할 수 있기 때문이다. 서비스는 필요한 번역을 수행하고, 우리의 모델은 외부와 독립된 채로 유지된다. 실제 구현에 대해 언급하자면, 서비스는 퍼사드(Façade) 패턴을 사용하여 구현될 것이다. (『Design Patterns』 Gamma 등, 1995 참조) 게다가 변질 방지 레이어는 어댑터를 필요로 한다. 어댑터는 클래스의 인터페이스를 클라이언트가 이해할 수 있는 것으로 변환해 준다. 우리의 모델은 어댑터는 클래스를 감쌀 필요가 없다. 왜냐하면 어댑터의 임무는 두 시스템간의 번역이기 때문이다.

변질 방지 레이어는 서비스를 하나 이상 포함할 수 있다. 각각의 서비스에는 대응되는 퍼사드가 존재하고, 각 퍼사드에는 어댑터가 추가된다. 모든 서비스에 동일한 어댑터를 사용하지 않도록 한다. 이 어댑터에 혼합된 기능들을 뒤죽박죽으로 쑤셔 넣게 되기 때문이다.

여기서 하나의 컴포넌트가 추가적으로 필요하다. 어댑터는 외부

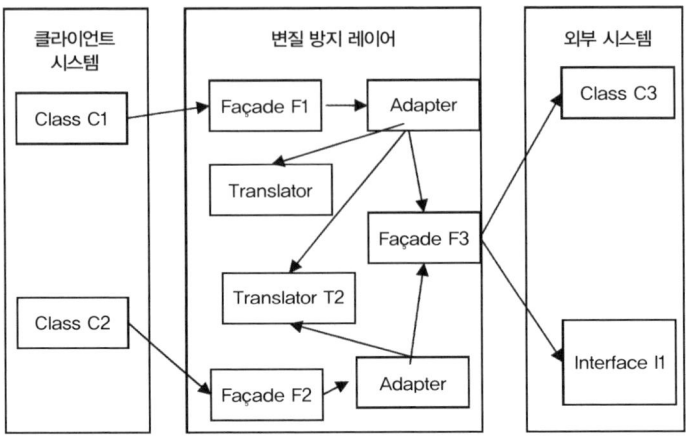

시스템의 행위를 감싼다. 우리는 객체와 데이터 변환 역시 필요하다. 이 일은 Translator가 수행한다.

   Translator 객체는 아주 작은 기능을 가지고 데이터 번역의 기본 요구를 처리하는 매우 단순한 객체일 수 있다. 만약 외부 시스템이 복잡한 인터페이스를 지닌다면 어댑터와 외부 인터페이스 사이에 추가로 퍼사드를 추가하는 편이 낫다. 이렇게 하면 어댑터의 프로토콜을 단순화해서 다른 시스템으로부터 분리시킬 수 있다.

분할 방식

지금까지 우리는 모델과 설계를 건강하게 유지하면서 서브시스템들이 함께 동작하도록 통합하는 방법을 찾기 위해 노력해 왔다. 여기에는 노력과 절충이 필요하다. 팀은 각자의 서브시스템과 다른 서브시스템과의 관계를 원활하게 할 상당한 시간이 필요하다. 그들은 끊임없이 코드를 병합해야 하고, 그때마다 아무것도 망가뜨리지 않았음을 확인하는 테스트를 수행해야 한다. 때때로, 팀들 중 하나는 다른 팀에게 필요한 어떤 요구사항을 구현하고자 상당한 시간을 쏟아야 한다. 여기에도 절충이 존재한다. 개념과 연관을 자유롭게 선택하면서 독립적으로 개발하는 것이 하나의 방법이고, 상대 시스템의 프레임워크에 적절하게 들어맞도록 모델을 만들면서 작업하는 것이 또 하나의 방법이다. 우리는 다른 서브시스템과 잘 동작하도록 우리의 모델을 고쳐야 할지도 모른다. 또는 두 서브시스템 간의 번역을 담당할 특별한 레이어를 도입할 필요가 있을 수도 있다. 어떤 경우에는 이렇게 해야 하지만, 다른 경우에는 또 다른 방법을 취해야 한다. 통합할 때 생길 이익을 면밀히 검토해야 하고, 진정 가치가 있을 때에만 그렇게 해야 한다. 만약 통합의 가치가 파생되는 문제점보다 작다고 결론짓는다면 우리는 분할 방식으로 가야 한다.

분할 방식 패턴은 기업 애플리케이션을 몇 개의 작은 애플리케이션으로 쪼개어 만들고자 할 때 사용한다. 이때 쪼개진 작은 애플리케이션 간에는 모델이라는 관점에서 볼 때 거의 또는 전혀 공통적인 것이 없어야 한다. 한 묶음의 요구사항이 있을 때 고객의 관점에서는 전체가 하나의 애플리케이션이겠지만, 모델링과 설계의 관점에서는 구분해 구현되는 분할된 모델로 만들어진다. 우리는 요구사항을 공통부분이 없는 두 개 이상의 집합으로 나눌 수 있는지 잘 살펴보아야 한다. 만약 그럴 수 있다면 그때 별도의 분할된 컨텍스트를 만들고 독립적으로 모델링 할 수 있다. 이 경우에는 구현에 사용되는 기술을 선택할 때 자유롭다는 장점도 있다. 그 애플리케이션은 각 애플리케이션에 접근 가능한 링크나 버튼을 포함하고 있는 포털과 같은 기능을 하는 공통의 얇은 GUI를 공유할 수도 있다. 이것은 뒷단의 모델 수준이라기보다는 애플리케이션의 구조와 관련된 중요도가 낮은 통합이다.

  분할 방식으로 진행하기에 앞서 통합된 시스템으로 되돌아가지 않을 것임을 확실히 할 필요가 있다. 독립적으로 개발된 모델들은 통합하기가 매우 어렵다. 독립적으로 개발된 모델들은 통합의 고리가 될 만한 공통점이 거의 없는데, 그런 일을 할 가치가 없기 때문이다.

오픈 호스트 서비스

두 서브시스템을 통합하려고 할 때 우리는 일반적으로 그들 사이에 번역을 위한 레이어를 만든다. 이 계층은 클라이언트 서브시스템과 우리가 통합하고자 하는 외부 서브시스템 사이에 완충지대의 역할을 한다. 이 계층은 관계의 복잡도나 외부 서브시스템이 어떻게 설계 되었느냐에 따라 일관성이 있을 수도 있고 그 반대일 수도 있다. 외부 서브시스템이 클라이언트 서브시스템 하나에 의해서가 아니라 여러 개에 의해 사용된다고 판명된다면 그들 전체를 위한 번역 레이어를 만들 필요가 있다. 모든 이러한 레이어는 같은 번역 작업을 반복할 것이고, 유사한 코드를 포함할 것이다.

따라서 서브시스템이 많은 다른 시스템과 통합되어야 할 때, 각각을 위해서 번역기를 커스터마이징 하는 것은 팀을 진창에 빠뜨리는 일이다. 유지보수해야 할 일들이 점점 늘어나고 변경이 발생할 때마다 걱정만 늘게된다.

외부 서브시스템을 서비스의 제공자로 바라보는 것이 해결법이다. 외부 서브시스템을 서비스로 감쌀 수 있다면, 모든 다른 서브시스템이 서비스를 통해서만 접근할 것이므로 번역 레이어가 필요하지 않을 것이다. 그러나 어려운 점은 각 서브시스템이 외부 서브시스템과 특별한 방식으로 상호작용한다는 것이다. 따라서 일관성 있는 서비스의 세트를 만들려고 하면 많은 문제가 생길 수 있다.

자신의 시스템에 접근할 수 있는 프로토콜을 서비스의 집합으로 정의하라. 내 시스템과 통합될 필요가 있는 사람이라면 누구든지 사용할 수 있도록 프로토콜을 공개하라. 단일팀에 한정된 예외적인 요구사항은 제외하고, 늘 다른 새로운 요구사항을 통합할 수 있도록 프로토콜을 확장하고 발전시켜라. 그리고 단일팀의 예외적인 요구사항을 위해서는 일회용(one-off) 번역기를 사용하라. 그렇게 하면 공유된 프로토콜이 단순하고 일관된 상태를 유지할 수 있을 것이다.

증류

증류(Distillation)는 혼합체를 구성하고 있는 물질을 분리해 내는 절차다. 증류의 목적은 혼합체로부터 특별한 물질을 분리하는 것이다. 증류 절차 동안에도 몇 가지 부산물을 얻을 수 있는데, 이 부산물들도 상당히 흥미로운 경우가 많다.

도메인의 규모가 크다면, 이를 재정의하고 추상화 작업을 여러 차례 거친다고 할지라도 대규모 모델로 표현될 수밖에 없다. 그 모델은 리팩터링을 많이 거쳐도 여전히 거대할 것이다. 이때가 바로 증류 작업이 필요한 시점이다. 도메인의 정수를 표현하는 핵심 도메인을 정의해야 한다. 도메인을 증류 처리할 때 생기는 부산물은 도메인의 다른 파트를 구성하는 일반 서브도메인이다.

대규모 시스템을 설계할 때, 복잡하면서 성공에 필수적인 기여를 하는 컴포넌트가 매우 많아서, 비즈니스의 실질적인 자산인 도메인 모델의 핵심적인 부분은 잘 알려지지 않은 채로 도외시되는 경우가 있다.

따라서 대규모 모델을 두고 일할 때, 우리는 일반적인 것으로부터 핵심 개념을 분리해 내려고 노력해야 한다. 책의 도입부에서 우리는 항공관제 시스템을 예로 들었고, 거기에서 비행 계획은 설계된 항로를 말하며, 비행기는 그것을 꼭 준수해야 한다고 했었다. 항로는 이 시스템에서 지금 고려하고 있는 개념이다. 사실 항로라는 개념은 일반적인 것이지 핵심적인 것은 아니다. 항로라는 개념은 대상 도메인 이외의 많은 도메인에서 사용되며, 일반적인 모델로 항로를 묘사하는 설계를 할 수 있다. 항공관제 시스템의 핵심은 다른 곳에 있다. 그 관제 시스템은 비행기가 준수해야 할 항로를 알고 있고, 거기에 덧붙여서 레이더 네트워크로부터 공중에서 비행기가 실제로 비행하는 경로를 추적한 정보를 받는다. 이 데이터는 비행기가 날고 있는 실제 경로를 보여주며, 일반적으로 사전에 정의된 항로와는 다르게 마련이다. 시스템은 비행기의 현재 고도, 비행기의 특성과 날씨를 매개변수로 삼아 궤적을 계산한다. 궤적은 그 비행기가 제때에 여행해야 할 경로를 4차원의 경로로 완벽하게 그린 것이다. 궤적은 앞으로 수 분 분량만큼, 또 이후 수십 분 분량, 또 이후 수 시간 분량만큼 재계산해야 한다. 이러한 계산은 각각 의사결정 프로세스를 지원한다. 비행 궤적 계산의 전체 목적은 다른 비행기의 궤적과 만날(충돌할) 가능성이 발생할지 살펴보고자 함이다. 공항 부근에서 이착륙하는 동안에는 많은 비행기들이 공중에서 원을 그리거나 곡예에 가까운 비행을 한다. 이때 만약 하나의 비행기라도 계획된 항로에서 벗어난다면 충돌 사고가 일어날 확률이 매우 높아진다. 이를 막기 위해 항공관제 시스템은 비행기의 궤적을 계산하고 충돌 가능성이 있다면 바로 경고할 것이다. 관제사들은 충돌을 피하기 위해 결정과 지시를 신속하게 내려야만 한다. 비행기가 좀 더 떨어져 있다면, 시간을 더 길게 두고 궤적을 계산하고, 어떻게 대응할지 생각할 시간을 조금 더 확보할 수 있다. 가능한 데이터를 기반으로 비행기의 궤적을 조화시키는 이러한 모듈은, 이 비즈니스 시스템의 핵심이다. 이것이 반드시 핵심 도메인으로 표시되어야 한다. 이 라우팅 모델은 일반적 도메인이 아닌 그 이상의 것이다.

시스템의 핵심 도메인은 우리가 시스템을 어떻게 보느냐에 달려 있다. 단순하게 설계된 라우팅 시스템은 설계의 핵심으로써 경로 및 경로들 간의 의존 관계를 검토할 것이다. 항공관제 시스템은 항로를 일반적인 서브도메인으로 생각할 것이다. 하나의 애플리케이션에서 핵심 도메인이라고 하더라도 다른 애플리케이션에서는 일반 서브도메인일 수도 있다. 따라서 각 애플리케이션에 맞게 핵심을 올바르게 파악하고 모델의 다른 부분과의 관계를 잘 결정하는 것이 중요하다.

증류 작업을 위해 모델을 끓여라. 핵심 도메인을 찾아내고, 지원 모델이나 코드의 혼란스러운 덩어리 속에서 핵심 도메인을 쉽게 구분할 수 있는 수단도 제공하라. 가장 가치 있고 특화된 개념을 강조하고, 핵심을 작게 유지하라.

당신의 최고의 재능을 핵심 도메인에 쏟고, 핵심 도메인을 기준으로 사람을 채용하라. 깊이 있는 모델을 찾고, 유연한 설계를 만들기 위해 핵심적인 부분에 노력을 쏟아라. 시스템의 비전을 충실하게 만들어라. 여타의 파트에 대해 투자할지 고민할 때, 정제된 핵심 부분을 지원하는 목적에 얼마만큼 기여하는지 검토하여 투자 여부를 결정하라.

최고의 개발자들을 핵심 도메인의 구현에 할당하는 것도 중요하다. 개발자들은 극히 최신의 언어를 배우기 위한 기술을 좋아하는 경향이 있어서 업무 로직보다는 인프라스트럭처에 끌린다. 그들에게 도메인의 비즈니스 로직은 지루하고 보상이 없는 것일 수 있다. 비행기의 궤적에 대해 세세히 아는 것이 결국 그들에게 무슨 의미가 있겠는가? 프로젝트가 종료되었을 때, 이러한 지식들은 매우 가치 없는 과거의 것일 뿐이다. 그럼에도 불구하고, 도메인의 비즈니스 로직은 도메인의 심장이다. 핵심부에 대한 설계나 구현의 실수는 프로젝트를 전면적 실패로 이끈다. 만약 핵심 비즈니스 로직이 제 역할을 하지 못한다면, 멋진 기술적 부가 기능은 모두 무용지물이 된다.

핵심 도메인은 단번에 만들어지지 않는다. 핵심이 한층 명확하게 통합되기 위해서 정제와 지속적인 리팩터링이 필요하다. 우리는 핵심을 설계의 중심부로 규정하고 그 경계를 명확히 할 필요가 있다. 또한 모델의 다른 요소에 대해서도 새로운 핵심과 맺게 되는 관계라는 측면에서 다시 한번 생각할 필요가 있다. 다른 모델 요소를 리팩터링하거나 몇 가지 기능을 변경하기도 할 것이다.

모델의 어떤 부분이 특별한 지식을 서로 교환하거나 표현하지는 못하면서 복잡도만 증가시키는 경우도 있다. 관련성이 없는 어떤 것은 무엇이든 핵심 도메인을 포착하고 이해하기를 어렵게 만든다. 그러한 모델은 모든 사람이 알고 있는 일반적인 원칙이 지나치게 자세히 표현되었거나, 우리의 기본적 포커스가 아니면서 보조적 역할을 수행하는 경우를 담은 세부적인 내용에 치우쳐 이해하기 어렵게 되어 있다. 그러나 이러한 다른 요소들은 그것이 일반적인 것이라고 할지라도 시스템의 기능과 모델을 충분하게 표현하는 데 필수 불가결한 경우가 많다.

프로젝트의 근본 동기가 아닌 응집도 높은 서브도메인을 식별하라. 이러한 서브도메인의 일반적 모델들을 뽑아내 분리된 모듈로 만들어라. 전문적인 내용을 그 속에 남겨두지 말라.

일단 일반 모델로 분리되었다면 핵심 도메인보다 우선순위가 낮게 개발하고 당신의 핵심 개발자들을 그 업무에 할당하지 말라. 왜냐하면 그들은 일반 모델을 작업해서는 도메인 관련 지식을 거의 얻을 수 없기 때문이다. 이러한 일반적 서브모델을 구축할 때는 상업용 솔루션이나 공개된 모델을 사용해 봄직하다.

모든 도메인은 다른 도메인에서도 사용되는 개념을 사용한다. 예를 들어 돈이나 거기에 딸려오는 통화나 환율 같은 개념은 다른 시스템에 포함되기도 한다. 차트는 매우 폭넓게 사용되는 개념이다. 차트는 그 자체는 매우 복잡하지만 이미 매우 많은 애플리케이션에서 사용되었다.

일반적인 서브도메인을 구현하는 데는 아래와 같은 여러 방법이 있다.

1. **상용 솔루션.** 다른 사람이 이미 전체 솔루션을 완성했다는 장점이 있다. 상용 솔루션을 배우는 데 시간이 필요하다는 학습 곡선(learning curve)에 대한 문제와 솔루션들에 어느 정도는 의존성이 있다는 단점은 여전히 존재한다. 만약 코드에 버그가 많다면 수정될 때까지 기다려야 한다. 또한 특정한 버전의 컴파일러나 라이브러리를 사용해야만 할 수도 있다. 상용 솔루션을 사용하

는 경우의 통합 작업은 사내(in-house) 시스템에 비해 일반적으로 더 어려울 것이다.

2. **아웃소싱**. 설계와 구현을 다른 회사에 속하는 다른 팀에게 주는 것이다. 이렇게 하면 핵심 도메인에 집중할 수 있고 다른 도메인을 다루는 짐을 벗을 수 있다. 아웃소싱된 코드를 통합할 때 불편하다는 단점은 여전히 존재한다. 다른 팀과 의사소통하려면 서브도메인과 소통하기 위해 사용하는 인터페이스를 정의해야 한다.

3. **기존 모델**. 손쉬운 해결안 하나는 이미 만들어진 모델을 사용하는 것이다. 공개된 분석 패턴에 대해 설명하는 책들이 몇 권 있어서, 여기에서 우리의 서브 도메인을 위한 영감을 얻을 수 있다. 그 패턴과 용어를 그대로 복사하기는 불가능하겠지만 그 중 많은 부분은 약간만 수정해서 사용할 수 있다.

4. **사내(In-House) 개발**. 이 솔루션은 높은 수준의 통합을 이룰 수 있다는 장점이 있다. 그러나 동시에 유지보수를 포함해 추가로 노력을 쏟아야 함을 의미한다.

에릭 에반스를 인터뷰하다

인포큐닷컴(InfoQ.com)은 DDD의 창시자인 에릭 에반스와 최근 환경에서 DDD가 어떤 역할을 할지 인터뷰를 했다.

왜 DDD가 오늘날 더욱 중요하다고 생각하십니까?
기본적으로 DDD는, 사용자들이 밀접하게 관계되어 있는 도메인 이슈에 집중해야 한다는 원칙을 기반에 둡니다. 도메인이란 우리가 이해하기 위해 혼신의 힘을 다해야만 하는 가장 중요한 부분이고, 전문가들에게는 개념적 형태로 표현해 내기 위해 힘써서 협동해야 할 대상이며, 동시에 힘 있고 유연한 소프트웨어를 만들 수 있도록 해주는 부분이기 때문입니다.

이것은 시대에 뒤처질 수 없는 원칙입니다. 우리가 복잡하고 얽히고설킨 도메인에서 일할 때 언제든 적용할 수 있습니다.

소프트웨어가 점점 더 복잡한 문제를 다루고 점차 비즈니스의 핵심적인 부분을 다루는 것은 오랜 추세입니다. 웹이 폭발적으로 증가하면서 이러한 흐름이 최근 몇 년 동안은 수면 아래에 있었습니다. 풍부한 로직이나 기술적 깊이가 있는 솔루션으로부터 관심이 멀어져 갔습니다. 왜냐하면 매우 간단한 방식을 사용해 웹에서 데이터를 얻는 것이 나름대로 매우 가치 있었기 때문이죠. 이러한 방식으로 처리해야 할 일들이 꽤 많았고, 한동안은 웹에서 이런 일을 하기가 어려운 작업이기도 했기 때문에 모든 개발 노력이 이 분야에 집중되어 왔습니다.

그러나 지금 웹 사용의 기초적 수준에 대해서는 많은 사람들이 완전하게 이해했고 프로젝트는 다시 비즈니스 로직에 도전하기 시작하고 있습니다.

최근 들어서, 웹 개발 플랫폼은 DDD를 생산적으로 적용하기에 적합할 만큼 성숙되기 시작했고 긍정적인 트렌드도 다수 출현했습니다. 예를 들어, 잘 사용된다면 도메인을 매우 독자적으로 만들 아주 유용한 방법을 제공하는 SOA처럼 말입니다.

반면에, 애자일 프로세스는 충분히 영향력이 있어서 대다수 프로젝트들이 반복이나 비즈니스 파트너와 밀접하게 일하기, 지속적으로 통합하기, 수준 높은 의사소통을 위한 환경 구축하기 등에 대해서 적어도 시도는 하려고 하고 있습니다.

따라서 DDD는 다가올 미래에는 더욱 중요성이 증대될 것으로 보이며 일정 부분 기초(환경)는 갖추어진 것으로 생각합니다.

기술 플랫폼(자바, .Net, 루비 등)은 계속 진화하고 있습니다. DDD는 여기에 어떻게 적용할 수 있다고 생각하십니까?

사실 새로운 기술이나 프로세스는 개발 팀이 어떻게 자신들의 도메인에 집중하는 데 도움이 되느냐로 평가 받아야지 도메인으로부터 멀어지게 해서는 절대 안됩니다. DDD는 기술 플랫폼에 특화되지는 않았지만, 몇몇 플랫폼은 비즈니스 로직을 생성하는 데 좀 더 인상적인 방식을 제공하고, 어떤 플랫폼은 잡다한 일들로부터 주의를 다른 데로 돌릴 수 있게 해줍니다. 나중에 언급하겠지만 특히 암울했던 1990년대 이후 최근 몇 년간 희망적인 방향이 보이고 있습니다.

자바는 지난 몇 년간 기본 선택 사항이 되었고 표현력이라는 관점에서 보았을 때 전형적인 객체지향 언어입니다. 복잡한 사항들을 정리한다는 언어의 기본적인 내용들은 나쁘지 않습니다. 가비지 콜렉션 기능도 있는데, 이는 실무자의 입장에서 볼 때 꼭 필요한 것으로 판명되었습니다. (저수준의 상세에 많은 주의를 요구하는 C++과 대비해서) 자바 문법은 조금은 잡동사니가 섞여 있기는 하지만 순수 자바 객체(Plain Old Java Object, POJO)는 여전히 가독성이 있습니다. 그리고 자바 5 문법 중 어떤 것들은 가독성을 획기적으로 높였다고 생각합니다.

그러나 J2EE 프레임워크가 처음 등장했을 때로 돌아가 보면, 기본적인 표현력은 엄청난 규모의 프레임워크 코드 아래에 완전히 매몰되어 있었습니다. J2EE의 초기 컨벤션을 따를 경우(예를 들어 EJB home이나 모든 변수에 대한 미리 정의된 get/set 접근자들 같은) 끔찍한 객체를 생산합니다. 도구가 너무 크고 무거워서 개발 팀은 이 도구를 단지 동작만 시키는 데에도 모든 역량을 쏟아 부어야 합니다. 대량의 자동 생성 코드나 XML 같은 객체는 일단 만들어진 이후에는 변경하기 매우 어려워서 사람들이 거의 고치지 않게 됩니다. 이것은 효과적인 도메인 모델링이 거의 불가능한 플랫폼입니다.

이러한 프레임워크를 소박한 1세대 도구들을 사용해서 (이러한 목적을 위해 설계된 것은 아닌) http나 html에 의해 영향을 받는 웹 UI를 만드는 규칙과 조합해 보십시오. 이렇게 작업하는 동안에는 질 좋은 UI를 만들고 유지보수하기가 극도로 어려워져서 복잡한 내부 기능을 설계할 여력은 거의 없어집니다. 아이러니하게도 객체 기술이 우세해지는 이 순간에 순수성이 떨어지는 모델링과 설계가 히트하게 됩니다.

상황은 .Net 플랫폼에서도 동일해서 몇 가지 이슈는 조금 더 잘 해결되고 있지만, 다른 것은 더 나쁜 상황에 놓여 있습니다.

암울한 기간이 있었지만 지난 4년 여 사이에 트렌드에 반전이 일어났다고 생각합니다. 첫째로 자바를 살펴볼 때, 어떻게 프레임워크를 선택적으로 사용할 것인가 하는 새롭고 세련된 의사소통 움직임과 (거의 오픈소스인) 매우 향상된 새로운 프레임워크가 합류했습니다. 하이버네이트(Hibernate)와 스프링(Spring) 같은 프레임워크는 J2EE가 해결하려던 특별한 작업을 훨씬 가벼운 방식으로 다룹니다. 노동 집약도가 덜한 방식으로 UI 문제를 해결하려고 노력하는 Ajax가 등장했습니다. 그리고 프로젝트는 J2EE에서 자신들에게 가치를 주는 요소만 고른 후 새로운 요소를 혼합하여 사용할 만큼 똑똑해지고 있습니다. POJO라는 용어는 이러한 시대에 만들어진 용어의 한 예입니다.

그 결과는 아주 조금씩이긴 하지만, 주목할 만큼은 프로젝트의 기술적 노력을 줄여주고 있습니다. 그 덕에 시스템에서 비즈니스 로직을 다른 부분으로부터 고립시킨 괄목할 만한 개선이 이루어져서 POJO라는 관점이 사용될 수 있게 됩니다. 이러한 상황이 자동적으로 도메인 주도 설계를 이끌어내는 것은 아니지만, 현실성 있는 기회이기는 합니다.

그것은 자바의 세계입니다. 루비와 같은 새로운 것을 사용할 수도 있습니다. 루비는 매우 표현력이 좋은 문법을 가지고 있고, 이러한 기본 레벨에서 DDD에 쓰기에 매우 좋은 언어일 수 있습니다. (그렇지만 아직 저는 이러한 유형의 애플리케이션이 실제 이 언어를 사용했다는 얘기를 들은 바는 없습니다.) 레일스는 1990년대에 UI를 만들던 것만큼 쉽게 웹 UI를 만들 수 있을 것 같아 보여서 많은 사람들이 흥분하고 있습니다. 지금 바로, 이러한 기술을 가지고 뒷단에 풍부한 도메인이 없는 상당히 많은 숫자의 웹 애플리케이션을 만드는데 적용할 수 있습니다. 과거에는 이런 작업조차 매우 어려웠기 때문입니다. 그러나 저의 소망은 UI 구현 부분에 대한 문제가 줄어들어서 사람들이 도메인에 주의를 기울일 수 있는 기회를 얻는 것입니다. 만약 루비를 사용하여 그런 방향으로 진행된다면 DDD를 구축하는 데 뛰어난 플랫폼을 제공해 줄 것이라고 생각합니다. (인프라스트럭처를 위한 부분이 일부 그 안에 포함될 수도 있을 것입니다.)

도메인을 명세화하는 도메인 특화 언어(DSLs)에 대한 연구는 신기술 분야에서 DDD의 다음 단계로 생각되고 있습니다. 우리는 지금까지 우리가 필요로 하는 바로 그것을 제공하는 도구를 갖고 있지는 못합니다. 그러나 사람들이 이 영역에서 이전에 비해 많은 실험을 하고 있기 때문에 저는 매우 희망적이라고 생각합니다.

당장 제가 말씀드릴 수 있는 것은, 많은 사람들이 DDD를 자바 또는 .Net이나 일부 스몰토크(Smalltalk)에도 적용하려고 시도하고 있다는 것입니다. 그중 자바는 즉각적인 효과를 보여주어 낙관적인 트렌드가 되어가고 있습니다.

당신이 책을 쓴 이후에 DDD 커뮤니티에서는 어떠한 일이 일어나고 있습니까?

저를 흥분시키는 것이 하나 있는데, 사람들이 제가 결코 기대하지 않았던 방식으로 제 책의 원칙들을 적용한다는 것입니다. 예를 들어 DDD는 노르웨이 국립 정유 회사인 StatOil의 전략적 설계에 사용됐습니다. 그 아키텍트가 적용한 경험을 정리해 보고서를 썼습니다. (http://domaindrivendesign.org/articles/에서 읽을 수 있습니다.)

이 외의 다른 사례로, 컨텍스트 매핑을 수행하고 이를 상용 소프트웨어의 구매와 자체 개발 여부를 결정할 때 평가 항목으로 사용한 것입니다.

또, 많은 프로젝트들에서 필요한 기본 도메인 객체들을 포함한 자바 코드 라이브러리가 있습니다. 우리 중 몇몇은 이 라이브러리를 개발하며 생기는 몇 가지 이슈를 해결해 왔습니다. 이 내용을 검토할 수 있는 링크가 있습니다. (http://timeandmoney.domainlanguage.com)

예를 들어, 자바에서 객체를 개발하는 것처럼, 도메인 객체를 만들 때 사용할 유창하고, 도메인에 특화된 언어를 얼마나 만들 수 있는지 연구해 왔습니다.

아직은 조금밖에 진행하지 못했습니다. 저는 그들이 제게 자신들이 무슨 일을 하고 있는지 이야기할 때 늘 감사한 마음이 듭니다.

오늘날 DDD를 배우려고 노력하는 사람들에게 해 주고 싶은 조언이 있나요?

우선 제 책을 읽으세요. ;-) 또한 'timeandmoney'를 당신의 프로젝트에 적용해 보세요. 우리의 원래의 목적 중 하나가 사람들이 적용하면서 학습할 수 있는 예제를 제공하는 일이었습니다.

여러분이 마음속에 간직하였으면 하는 것이 있습니다. DDD는 팀 전체가 함께 하는 거대한 작업이라는 사실입니다. 그래서 당신은 전도사(evangelist)가 되어야 할 수도 있습니다. 또는 가장 이상적인 경우를 가정해 본다면, 당신이 DDD에 노력을 쏟을 수 있는 프로젝트를 찾아서 지원하고 싶어 하는 것이지요.

도메인 모델링의 위험을 늘 기억하세요.

1) 단순한 상태를 유지하세요. 모델러도 코드를 작성해야 합니다.
2) 구체적인 시나리오에 초점을 맞추세요. 추상적 생각은 실제 사례에 연결되어 있어야만 합니다.
3) DDD를 모든 것에 적용하려고 하지 마세요. 컨텍스트 맵을 그리고 어느 부분에 DDD를 적용하고 어느 부분에 하지 않을지 결정하세요. 그리고 그 경계 바깥에 있는 것들에 대해서는 신경

쓰지 마세요.

4) 실험을 많이 하고 실수를 많이 할 것이라고 예상하세요. 모델링은 창조적인 작업입니다.